アフターコロナ
の公正社会

――――

学際的探究の最前線

――――

石戸光・水島治郎・張暁芳 [編]　　明石書店

はじめに

　本書は，2021 年 4 月刊行『公正社会のビジョン —— 学際的アプローチによる理論・思想・現状分析』の姉妹編にあたり，千葉大学の未来型公正社会研究班所属の研究者および国内外の連携研究者により執筆したものである。

　大きな問題意識として，2019 年末より地球規模で顕在化したコロナ禍によって，社会的公正の概念について改めて問いなおすことが急務となっていることが挙げられる。たとえば EU（欧州連合）や ASEAN（東南アジア諸国連合），APEC（アジア太平洋経済協力）といった「地域統合」関連組織，欧米諸国，日本および中国を含めたアジア太平洋諸国に所在する「主権国家」，そして主権国家内部の「諸地域・諸アクター」のコロナ禍への対応（たとえばワクチンの公正な分配面へのスタンス）には大きな差異が存在しており，「公正」をめぐるコンセンサスは得られていないまま，事態は進行している。コロナ禍においては特に，いわゆるリベラリズム（自由主義；個人の権利を国家・社会の利益以上に尊重）とナショナリズム（国家中心主義；個人の権利よりも国家・社会の利益を重視する傾向）の相克がみられ，新型コロナウイルス感染症という共通の課題を見据えたアクター間の協力体制が必要となっている。コロナ後に「公正な社会」を展望することは可能なのか，本書では政治・経済・歴史・哲学および文化面を組み合わせながら検討していく。

　本書の構成は以下の通りとなっている。**第 1 章「緊急事態における正しさ」**（川瀬貴之）では，コロナ禍という「緊急事態」において公正とはどのように捉えるべきなのかにつき，哲学的な考察を展開する。**第 2 章「COVID-19 ワクチンのグローバルな配分制度 COVAX と公正 —— 被影響者の意思決定への参加の限界」**（藤澤巌）は，コロナ禍がワクチンの供給および接種状況が国際的な格差となって現れたことをふまえ，公正なワクチン配分の限界の指摘と今後の展望を国際法の観点から行っている。**第 3 章「ヨーロッパ諸国のコロナ禍への対応と社会的公正」**（水島治郎）では，新型コロナウイルス感染症というパンデミックへの対応に関する諸国家の類型化を独自に行った上で，ヨーロッパ諸国における

対応に焦点を当て，「公正」「不公正」概念の現れ方を詳細に分析している。**第4章「APEC のコロナ禍への対応と社会的公正」**(石戸光)においては，アジア太平洋経済協力という国際的な枠組みが「開かれた地域主義」という矛盾にも聞こえる「公正概念」と国家間対立の具体的状況につき論じている。**第5章「コロナ禍における幸福度と公正 ── ポジティブ政治心理学からの考察」**(小林正弥)では，幸福度がコロナ禍の市民生活への状況変化に与えた影響につき，定量的かつ思想的な観点より論じる。**第6章「オーストラリアにおける COVID-19 への政策対応と市民のウェルビーイング」**(リンジー・オーズ著，張暁芳訳，小林正弥・石戸光監訳，編者による内容確認)は，オーストラリアを事例として，政治体制とワクチン接種率の関連を描写しながら，社会的公正についての事例を提供している。**第7章「地域統合とコロナ禍をめぐる哲学および事例からの考察」**(ジェラルド・モシャマー／ナタナリー・ポスリトン／石戸光)は，国家の集合体としての地域統合のコロナ禍への対応について，哲学および事例の比較により論じている。**第8章「ジェンダー格差の悪循環 ── COVID-19 と女性とジェンダーへの影響」**(アフサナ・ベゴム著，張暁芳訳，石戸光監訳，編者による内容確認)は，南アジア，日本などを事例に，コロナ禍におけるジェンダー問題と公正のあり方について，主体的に論じている。**第9章「コロナ後のグローバルな経済協力の課題と可能性 ── 東アジアを中心に」**(韓葵花)は，アフターコロナにおいて，主権国家の対立をいかに回避しながら，経済協力を促進させていくことができるのかにつき，未来志向的に論じる。**第10章「コロナ後の環境と経済 ── 地球温暖化問題を中心に」**(張暁芳)はコロナ禍と地球環境問題が経済活動を通じた連関を持つ点をふまえ，環境をめぐる公正概念を具体的に抽出し，その実現可能性を論じる。最終の**第11章「近代日本文学と感染症 ── 文学作品における感染症の表象と社会的公正」**(張永嬌)では，文学史の観点より，近代日本の文学作品が感染症というものをどのように表象化してきたかを論じ，感染症といういわば「禍」を「価値」として受容しうるかについても視座を与えている。

2022 年 1 月

編者を代表して 石 戸 光

目　　次

はじめに …………………………………………………………………… 石戸 光　iii

第1章　緊急事態における正しさ
　………………………………………………………………………… 川瀬 貴之　1

1　はじめに　1
2　リスク評価について：多元性か分断か　1
3　法の支配について：帰結か義務か　4
4　集団的決定の方法について：ユートピアか漸進か　8

第2章　COVID-19 ワクチンのグローバルな配分制度 COVAX と公正
　── 被影響者の意思決定への参加の限界 ……………………… 藤澤 巌　11

1　はじめに　11
2　COVAX：市場メカニズムを利用した公正かつ衡平な配分の試み　13
3　COVAX におけるワクチン配分枠組　16
4　影響を受ける者の意思決定への参加とその限界　21
5　おわりに　25

第3章　ヨーロッパ諸国のコロナ禍への対応と社会的公正
　……………………………………………………………………… 水島 治郎　27

1　はじめに　27
2　パンデミック対応の国際比較　28
3　ヨーロッパ諸国の展開　35
4　パンデミックのもたらした政治変容：ナショナル・ポリティクスの再浮上　41
5　おわりに　45

第**4**章　APEC のコロナ禍への対応と社会的公正
　　　　……………………………………………………………………… 石戸 光　49

　1　はじめに　49

　2　APEC の「開かれた地域主義」　49

　3　APEC のコロナ禍への対応　52

　4　APEC とグローバルな社会的公正　54

　5　おわりに　57

第**5**章　コロナ禍における幸福度と公正
　　　　── ポジティブ政治心理学からの考察 ……………………………… 小林 正弥　61

　1　ポジティブ政治心理学　61

　2　コロナ禍によるウェルビーイングの低下　62

　3　心身のウェルビーイングと価値観の変化における二極化　71

　4　ウェルビーイングとその変化の要因：システムとの関係　81

　5　正義・公正とウェルビーイング　89

　6　結論：ウェルビーイングの低下と二極化　92

　［補論］　93

第**6**章　オーストラリアにおけるCOVID-19 への政策対応と市民のウェルビーイング
　　　　……………………………………………………………… リンジー・オーズ　101

　1　はじめに　101

　2　オーストラリアの一般事情および政治構造　101

　3　COVID-19 への対応　103

　4　おわりに　107

第**7**章　地域統合とコロナ禍をめぐる哲学および事例からの考察
　　　　…………………… ジェラルド・モシャマー／ナタナリー・ポスリトン／石戸 光　109

　1　はじめに　109

　2　何の統合か，誰のための正義か：ASEAN と EU に関する方法論的考察　109

3　EU と ASEAN のコロナ禍を巡っての比較　112

4　おわりに　118

第 **8** 章　**ジェンダー格差の悪循環**
　　　　── COVID-19 と女性とジェンダーへの影響 ················ アフサナ・ベゴム　121

1　はじめに　121

2　コロナ禍のジェンダー不平等　122

3　日本におけるコロナ禍，国連の SDGs とジェンダー問題　129

4　おわりに　132

第 **9** 章　**コロナ後のグローバルな経済協力の課題と可能性**
　　　　── 東アジアを中心に ··· 韓 葵花　137

1　はじめに　137

2　東アジアにおける経済と貿易の現状　138

3　東アジアにおける経済協力（1）：経済連携協定（EPA），自由貿易協定（FTA）の可能性と課題　141

4　東アジアにおける経済協力（2）：経済統合以外の可能性と課題　143

5　おわりに　147

第 **10** 章　**コロナ後の環境と経済**
　　　　── 地球温暖化問題を中心に ··· 張 暁芳　149

1　はじめに　149

2　地球温暖化問題と気候変動　150

3　環境と経済　153

4　地球温暖化問題と公平　157

5　環境的公正　160

6　おわりに　165

第 11 章　近代日本文学と感染症
　　　── 文学作品における感染症の表象と社会的公正 ⋯⋯⋯⋯⋯⋯⋯⋯ 張 永嬌　167

　1　はじめに　167

　2　近代日本文学における感染症の表象　171

　3　文学作品から見る感染症蔓延の影響　174

　4　文学者が示唆した感染症への態度　178

　5　おわりに　180

おわりに ⋯⋯⋯⋯⋯⋯⋯⋯⋯⋯⋯⋯⋯⋯⋯⋯⋯⋯⋯⋯⋯⋯⋯⋯⋯ 石戸 光　185

執筆者紹介　187

第 1 章

緊急事態における正しさ

川瀬 貴之

1　はじめに

　この一年半，ほとんどの社会のほとんどの者が，世界のあまりの変貌ぶりに，周章狼狽したのではないだろうか。その中の一部の者は，自暴自棄になった（今もそうなっている）し，また一部の者は，無理に平静を装っているようにも見える。

　危機に瀕して，物事の本質が，明らかになることがある。それは，個人の器の大きさだったり，社会の汚い側面だったりするが，平時においては，臭い物に蓋をするように，見て見ぬふりをされていたことが，隠し果せなくなるのである。これまで漫然と継続していた常識が通用しなくなる緊急事態においては，人々は物事の本質を見ようとするのであり，これはまさに哲学の出番である。緊急事態において，多くの者が哲学者となり，自身や社会について見直し始めたのであれば，コロナ禍は，得難いチャンスでもある。

2　リスク評価について：多元性か分断か

(1) あらゆる評価は多元的であり絶対的な正しさを想定すべきではない

　「コロナは頭の中にしか存在しない」と言うと，胡散臭いオカルトに聞こえるが，私は，これがある意味で正しいと思っている。より真面目な言い方をすれば，リスク評価は，主観的か，せいぜい間主観的にのみ，その正しさを主張で

きるのであり，決して客観的なものではないと考えるべきだということである。ここで言う主観とは，個人の考えであり，その考えが複数の個人間で共有されれば，そこには間主観的な合意が成立している。いずれにせよ，これらは，そのように考える人が，そのように考えることによって，はじめて成立するものである。それに対して，私の言う客観的なるものとは，誰の考えにも依存せずに成立するものである。

　そして私は，いくつかの別稿で論じたように，リスク（あるいはそれに限らず一般的な）評価というものについて，その客観的な正しさを標榜すべきではないと考えている（川瀬 2018; 川瀬 2019: 60-61, 177-179）。それは，コロナウイルス感染症や，それに対する治療薬やワクチンの有害な副作用に関するリスクについても言えることである。もし，これらを，客観的に正しい答えが存在し，かつそれを認識できる類の問題であるとするならば，感染症やワクチンのリスクについて，相異なる見解が対立する場合，どちらか一方が正しく，他方が間違っているか，あるいはどちらも間違っているかのいずれかということになる。

　もちろん，コロナウイルス感染症は，社会的な影響の極めて甚大な問題であるから，とりわけそれをめぐって極端な意見を吹聴する個人の考えに，多くの専門家あるいは一般の人々の間で共有されている考えと同じだけの妥当性を認めることは，適切ではないだろう。したがって，この問題については，客観主義を排することはもちろんのこと，さらに主観主義も退けて，間主観主義を採用することが望ましいというのが，私の考えである。正しい答えは，誰の意見からも独立して，自然に・必然的に決まっているわけではなく，また個人がそれぞれに考えればよいというものでもなく，多様な業界・社会において形成され，共有されるものと見るべきだということである。

　このように考える場合，ウイルスやワクチンのリスクについて，相異なる見解が対立しても，一方が正しく他方が間違っているというわけではなく，どちらにもそれなりの妥当性や理由が成立しうるということになる。つまり，正しさが，単一ではなく，同時に多元的に並立することになる。政治的な正しさや適切さが，疫学上のそれらと異なっているのは，当たり前のことであり，そのどちらか一方が他方よりも規範的に上位に位置するというものではない。また，

両者を包摂する，普遍的な基準が，常に存在すると考えるべきではない。単一
の基準を掲げて，それをすべてのケースに常に適用することを要求する一元論
は，異なる基準や価値観や経緯や文脈を有する，他の業界や社会に対して，帝
国主義的に上から目線で，自らの正しさを主張し，それが通用しないときには，
そのような相手を愚者として軽蔑するかもしれないが，多元論は，各業界や社
会に，それぞれの正しさが成立しており，各々がその領分を守るべきであると
考えるのである。

　たとえば，PCR 検査で陽性と判断するときの Ct 値を何サイクルとするかは，
様々な業界・企業・団体の慣例や政策判断の問題であって，そのような文脈を
切り離して考えても適切な答えは出てこないと見るべきであろう。

(2) 分断ゆえに疎外を感じて不公平を訴え，さらなる分断に陥る

　正しさを多元的なものと考えるべきということは，正しさに関して異なる考
え方をしている人々の間での分断を助長することであってはならない。「私は正
しいこと（自粛）をしているし，皆そうすべきなのに，どうして誰もわかってく
れないのか」とか「マスクなど意味がないのに，どうして何も考えずに右に倣
えなのか」という主張は，感染症をめぐるリスク評価について，異なる意見の
人々に対する苛立ちを表明するものである。なぜこれほどまでに苛立ち，猛々
しい言い方になるのかを考えると興味深い。

　一つには，リスクについて，それを小さく評価したり大きく評価したりなど，
見解を同じくする者同士の狭いサークルの中だけで意見を交換することによっ
て，思想が純化・先鋭化しているのかもしれない。マスメディアからソーシャ
ルメディアへと情報伝達の構造が変化してきたことが指摘されることもあるが，
要するに，分断がさらなる分断の深刻化を招くという構図である。決して，自
分が正しさを独占していると思わず，他者の意見を一蹴せず，異なる意見にも
それなりの理由があるということを真摯に認めたいものである。

　人々の苛立ちを生み出す，もう一つの背景について，それは決して新型コロ
ナウイルス感染症とは直接関係のない問題であり，緊急事態をきっかけに表面
化してきただけであると考えることができるかもしれない。

ウイルス陰謀論やワクチン陰謀論に傾倒する人々が，なぜ政府や大手マスメディアや家族や友人の言うことを信用しないのか。多様な原因が指摘されうるが，話を聞いてもらえる感じがしない，話が通じない，自分の与り知らぬところで話が進んでいるという，疎外感は，間違いなくその重要な一つであるだろう。ワクチン接種反対論の怒りの多くは，ワクチンではなく，社会的疎外感に向けられている。

これは，実際の疎外ではなく，あくまでも疎外「感」であるという点も重要である。少なくとも現代の日本人は，日本社会（の法律など）によって，その権利や利益を強く保護されている。決して，見捨てられてなどいない。しかしそれを意識し理解する機会に恵まれない場合，自分は社会的既得権益層から排除されていると感じ，それゆえに社会に積極的に貢献する動機（と言うと聞こえは良いが，実際は自身の権利・利益の享受や実現を厚く確保するために社会に積極的に参加する動機）が弱くなる可能性があり，その代償として，さらに社会的特権サークルに関与するチャンスから遠ざかってしまうという，悲しい悪循環に陥る人々が多く存在するのだとすれば，これは由々しき問題である。

これは，もはやコロナウイルスの問題でも，ワクチンの問題でもない。「国会議員が緊急事態宣言中に10万円の会食！」という見出しに対して怒りを爆発させた者は，「国会議員が緊急事態宣言中に，コンビニの前で会食！」であれば，同じ感情を抱いただろうか。感染防止の観点からすれば，後者の方がむしろ問題は大きいかもしれない。しかし，怒りは，防疫意識の低さではなく，10万円に対して向かっているのである。感染対策としてはともかく，10万円については，法的にも道徳的にも，何ら問題はないかもしれないのに，である。分断や疎外の壁の向こう側との関係における，信頼や，コミュニケーションの能力と意欲の欠如は，国民統合の危機であり，つまり国家の危機である。

3　法の支配について：帰結か義務か

(1) 緊急事態で帰結論が有力に
コロナ禍の初期において，特に空港の水際対策やパチンコ店の営業に関して，

「政府はなぜ何もしてくれないのか」という声が強かった。この類の主張のうち，知的水準の低いバージョンは，政府は法的なルールのないことはできない，すべきではない，という法の支配の価値について，全く理解を欠いているものであった。これは，ここで反論するだけの価値のないものである（もちろん，わが国の法学入門の教育の貧しさという観点からは，大いに議論すべき問題であるが）。それに対して，知的水準のより高いバージョンは，真剣に相手をする必要がある。そのバージョンは，法の支配の意味と重要性について，それを十分に理解した上で，しかしながら緊急事態においては，それを無視して超法規的措置を検討することが，結局のところ，既存の法制度が意図している目的を，よりよく達成できると主張するのである。

　ここで，この問題の対立構図を，より明確にするために，義務論と帰結論の対比を用いよう。ここでは，義務論とは，ある行為やルールの規範的な良し悪しを，その行為やルールそのものに内在する価値によって評価する主張であり，それに対して帰結論とは，ある行為やルールの良し悪しを，それらそのものの価値ではなく，それらがもたらす副次的な結果の内容の良し悪しによって評価する主張であると理解しよう。たとえば，嘘をつく行為は，仮に，そのものが，規範的に望ましくないとしよう。しかし，場合によっては，嘘をついた方が，誰も傷つけず，人間関係を円滑にすることがあるだろう。そのようなときに，世界の状態をより良く改善しているのであれば，嘘も方便であるから，嘘つき行為は悪くないと考えるのが帰結論であるのに対し，世界の状態を改善しているということは，嘘つき行為の悪さを緩和するものではないと考えるのが，義務論である（児玉 2010: 241-242）。

　確かに，緊急事態において，帰結論が有力になることは，理解できる。法の支配を義務論的に厳格に要求する主張によれば，たとえコロナウイルス感染症で医療が崩壊しようと，それで多くの者が命を落とそうと，よく言われるレトリックだと，コロナで「世界が滅びようとも」，法が要求することは守らねばならず，法が認めていないことはやってはならないということになる。義務論は，

頑固なのである[1]。それに対して、帰結論者は、法の支配を無視したほうが、世界の状態がより良くなるのであれば、法の支配の義務をフレキシブルに捨てたり拾ったりすることに躊躇いがない。法は、そもそも社会を安定した快適な場所にするためにあるはずである。法を墨守して社会が傷つくのであれば、本末転倒である。確かに平時においては、法の支配は、社会の安定と繁栄に寄与するところが大きい。しかし、緊急事態においては、それを乗り越える超法規的措置が、規範的に要求されるのだ、と。

　私自身は、義務論と帰結論、どちらの極端で純粋な立場も好ましくないと考えており、両者のバランスをとることが大切で、そのバランスの取り方や重心の見つけ方は、理論的に答えられるものではなく、個々のケースの中で模索されるべきだという立場である。したがって、義務論の観点から、極端な帰結論に対して異議を挿むという論じ方を採用することもできるのだが、ここでは、百歩譲って仮に帰結論だけに依拠するとしても、上記のような緊急事態における超法規的措置擁護論には問題があることを、帰結論内在的に説明してみたい。

(2) 長い目で帰結を評価しよう

　それは、帰結の評価のされ方を、時間的にどのように想定するかという観点によるものである。上で、緊急事態においては、融通の利かない義務論より、機動的な帰結論のほうが、支持を集めやすいと述べたが、おそらくより正確には、緊急事態においては、平時に比べて、帰結を評価する時間的なスパンをより短くする議論が支持を集めやすいということではないだろうか。人々が、より短期的な結果を求めるようになる、あるいは、より短絡的になるということである。

　帰結論は、行為やルールをその結果によって評価するということしか言わないので、それをどのような時間的スパンで評価すべきかについて、帰結論内在的には、決まった正解があるわけではない。評価スパンを1日毎として、将来

1　義務論は頑固で、帰結論は柔軟であるというのは、実はそのような現象が多いというだけであって、論理必然的な含意ではない。極めて厳格な帰結論者であれば、世界の状態を最善化するような行為やルール以外は、絶対に許容しない。

志向的に明日の結果の改善をもたらす今日の行為やルールを善としたり，過去志向的に昨日の行為やルール適用を，今日の状態に鑑みて評価したりしても良いし，評価スパンを 100 年毎として，100 年後や 100 年前の事柄について評価しても良い。なので，緊急事態において，人々が短絡的になることについて，帰結論は，それを善いとも悪いとも言わない。

そこで，私の帰結論を補強する論拠は，その外側から持ってくるしかないのだが，それは，評価や決定を長期的観点や慎重さを以てなすべきとする保守主義ということになる。私たちは，はるか昔の者[2]，そしてはるか将来の者たちによって，現在の自分たちのふるまいを評価されうるということを忘れてはならない。今日の私たちのふるまいが，遠い将来の人々に，どのような帰結をもたらすだろうか。遠い将来の人々は，私たちを振り返って何と言うだろうか。そして過去から受け継がれた価値観に照らして，私たちはおかしな帰結をもたらそうとしていないだろうか。緊急事態は，緊急と言うくらいだから，定義上，人々の思考が近視眼的になる状態のことであり，パンデミックにおいて，それも無理からぬことではあるのだが，そのようなときにこそ大局的で高踏的な姿勢を要求する，保守主義的帰結論があっても良いのではないか。

さて，問題を元に戻すと，このような立場を採用した場合，緊急事態における法の支配の価値について，どのように言うことができるだろうか。目の前で人が死のうとしているときに法的規制をくそ真面目に守ってどうするのか，法律と人の命とどちらが大切なのか，と言われるかもしれない。確かに，この一人の命と，当該法ルールのこのケースへの適用という問題設定で考えると，帰結論は法の無視を要求しそうである。しかし，この法ルールの，長期的で安定的な適用が，なされた場合となされない場合との間で，その長期間における救命の数の多寡を比較すれば，帰結論も法の支配を要求するかもしれない。

もちろん，たとえ長期的に見ても，当該法ルールが安定的に適用されたせいで，かえって人の命が多く奪われてしまったということも考えうる。しかし，そ

2　もちろん，原理的に，過去の者によって，現在の私たちのふるまいが実際に評価されることはない。そうではなく，仮にはるか昔の者が，今ここにいて，彼らの価値観で私たちを評価するのならば，その評価はいかなるものであるのかを，考えたいということである。

の場合であっても，長期的・保守主義的帰結論が要求するのは，この法規制の（所定の法的手続きに則った）廃棄や改正であって，法の支配のそのものの放棄ではないということになりそうである。

　しかし，これに対しても，次のように反論がなされるかもしれない。個別具体的な法ルールと，一般的な法の支配の精神という区別は，あまりに極端で単純すぎる。確かに，長期的な帰結論は，緊急事態において，法の支配の精神一般の放棄までは要求しないかもしれないが，個々には無視したほうが良い（あるいは正統な手続きに則らずに実施したほうが良い）ルールが多いことも認めるであろう。そこで折衷案として，緊急事態条項を予め憲法やその他の法律に用意し，緊急事態の条件が満たされれば，暫定的に（たとえば期間を定めて），行政権に幅広い裁量的権限を認めるという，法の精神の一部緩和であれば，容認できるのではないか，というのである。

　これは，もしかすると正しいかもしれない。「もしかすると」という曖昧な言い方をするのは，ここから先は，どれくらい法の支配の精神を妥協することが，長期的に見て，どれくらい望ましい帰結をもたらすことになるのかについての，事実に関わる問題であり，帰結論や保守主義など規範的な理論が答えられるものではないからである。私の規範的な主張としては，法の支配の死守だろうが，緩和だろうが，ともかく近視眼的に物事を考えることを戒めたい，ということに尽きる。

4　集団的決定の方法について：ユートピアか漸進か

　緊急事態において，短絡的で近視眼的になるということと表裏一体なのであるが，人々は，手っ取り早く明確で確固たる方針を（特に政治に対して）求めるようになる。曰く「政府は迷走している。日和見主義で原理原則がない」と。たとえば，緊急事態宣言の発令や解除に，一貫した基準がなく，場当たり的であるという指摘は正しい。しかし，このような場合，意思決定は，場当たり的でしかありえない，いやむしろその方が望ましいというのが，私の考えである。

　集団的な方針決定において，明確な戦略を求めるには，問題の対処方法につ

いて，正解が存在し，かつ私たちがその正解を認識可能であるという前提が必要になる。明確な戦略を求める人々の多くは，おそらく意識的あるいは無意識的に，そのような前提に依拠している。「私たちは楽観論にも悲観論にも与しない。コロナを正しく恐れるべきだ」という主張も，同じである。このように言うと，いかにも賢そうに聞こえるが，その正しさが具体的に何であると考えているのだろうか。

　前述のように正しさは，多元的なものであり，各個人・各団体や業界の間で，その答えは大きく異なることが自然であると考えるべきである。だとすると，個人が，主観的に抱く「正解」に基づいて行動する分には，明確で確固たる方針に基づくことも可能かもしれないが，社会全体にそれと同じパフォーマンスを期待するのは，お門違いである。[3] 多種多様な異なる正解を持つ諸個人の，主張や利益を丁寧に調整することこそ，社会全体の集団的決定の方法なのであり，それは，ピースミール（断片的）な漸進的試行錯誤でしかありえない。いきなりベストな答えなど，出せるわけがないのである。多様な個人の意見を汲み取って，何らかの方策を少し試行してみては，すぐにその成果を評価して，方策を微修正することを繰り返すしかないのである。現時点において，確定的な目指すべきゴールが，試行錯誤以前に，アプリオリに示されているわけではない。そのような不変のゴールを想定するのは，ユートピア主義である（Popper 1945: 1638-148, 邦訳 157-166）。

　ゴールが予め確定しており，それに向かってまっしぐらに進めば良いだけであるのなら，ずいぶん気分は楽であっただろう。努力の成果や進捗が見えやすいし，何よりも方向性について，迷ったり考えたり討論したりする必要がない。しかし，実際には，我々は，いつ終わるとも知れない五里霧中の道を，手探りで

3　なので，「政府は何かを隠している」という指摘も，しばしば的を外している。（なぜ「何かを隠している」と言い切れるのか疑問であるが，それはさておき）政府は，自らに都合の悪い正解を隠しているのではなく，正解が何であるかを知らないことが多い。決して常にとは言わないが，多くの場合，政府やその他の権力者は，その情報開示を申請する者が期待するほどの情報を保有していない。政府や権力に対する懐疑的態度は，極めて有意義であるが，そのやり方が稚拙であれば，それによって利得をなすのは，むしろ権力を不正に弄しようとする者ではないだろうか。

進むしかないのである。私たちは，このつらさに耐えるだけの強い精神を身につけなくてはならない。明確な答えがないと不安で仕方がないというのは，理解できなくはないが，政府やその他の権威によって，答えを与えてもらうのをただ待っているだけの態度は，近代の独立不羈の個人の精神が，未だに身に付いていない証拠ではないだろうか。

　誰かに安易な答えを求める精神は，誘導に弱い。もし，明確な正解やユートピアを標榜する扇動者が，何らかの意図で，それを利用するのなら，かえって社会を望まぬ帰結へと導き，問題の解決を遠ざけるかもしれない。社会が強くあるためには，それを構成する個人が強くなくてはならない。コロナ禍は，私たちが変わる，非常に良いチャンスである。私たちの社会が，ということはつまり私たち一人一人が，コロナ以前にも増して，たくましく，したたかに，他者に優しく，生まれ変わることを望んで止まない。

参考文献

川瀬貴之，2018,「臨床研究におけるリスク・ベネフィット評価」『千葉大学法学論集』33 巻 1 号，163-202 頁

川瀬貴之，2019,「リスクとリスク対処の類型——臨床研究とグローバルジャスティス」『法の理論』37 巻，51-69 頁

児玉聡，2010,『功利と直観——英米倫理思想史入門』勁草書房

Popper, Karl R., 1945, *The Open Society and Its Enemies Vol I: The Spell of Plato*, Routledge（1980, 内田詔夫・小河原誠訳『開かれた社会とその敵 第一部 プラトンの呪文』未来社）

第 2 章

COVID-19 ワクチンの
グローバルな配分制度 COVAX と公正
──被影響者の意思決定への参加の限界──

藤澤　巖

1　はじめに

(1) COVID-19 ワクチンの世界全体での配分

　COVID-19 の感染爆発を抑え込むための切り札のひとつが人々のワクチン接種であることについては，疑いを差し挟む者はほとんどいないだろう。実際，日本を含む各国で，ワクチンを国内でどのように配分し接種を拡大していくかが政治的な課題となってきたが，COVID-19 の感染爆発を終息させるために最も重要な課題は，世界全体でどのようにワクチンを配分し接種を進めるかである。しかし残念ながら，2021 年秋の段階では，ワクチンは，世界のすべての人に行き渡らせるのに不十分な供給しかないという意味で，希少な財である。

　世界全体でのワクチンの「公正かつ衡平な配分 (fair and equitable allocation)」が提唱されるのは，このような希少性の状況においてである (WHO 2020a)。

　希少な財の配分についてのひとつの考え方は，市場での取引を通じた配分が最も効率的な配分であるというものであろう。COVID-19 ワクチンについては，とくに欧米や日本といった先進国が，自国住民のワクチンを確保するために，争って製薬会社と 2 者間の契約を締結した。これはワクチン・ナショナリズムとも呼ばれる。具体的には，まだ研究開発段階のワクチン候補について，国家

が事前に製薬会社に研究開発資金を供与する見返りに，その後実際にワクチン開発に成功した場合には当該国が製薬会社から優先的にワクチンの供給を受けることを取り決める，「事前購入合意 (advance purchase agreements)」によって，先進国はワクチンを事前に確保しようとしたのである (Phelan et al. 2020: 800)。

(2) ワクチン・ナショナリズムの問題点

このような事前購入合意に基づくワクチンの世界的な配分は，最も高い値段を付けた者への財の配分であるという意味で，経済学的には効率的な財の配分であると割り切ってしまうことも不可能ではないかもしれない。だれでも市場取引に参加する機会は平等に与えられているのであって，途上国の政府や住民は，ワクチン市場で先進国の政府や住民に競り負けただけだ，というわけである。

しかし，先進国と製薬会社の間の事前購入合意を通じた市場メカニズムによるワクチンの配分には，やはり問題があると考えるべきだろう。第1に，事前購入合意に基づくワクチン配分は，資金力のない低所得国の住民に不利に働くことになる。高所得国の住民と低所得国の住民とで人間としての価値に違いがあるわけではないとするなら，低所得国の人間だけがワクチンを入手できずCOVID-19による生命の危険に曝されることは，公正でないと考えることができる。第2に，先進国と製薬会社の事前購入合意によるワクチン配分は，COVID-19の感染爆発の終息という目的の観点からも合理的でなく，不必要に地球規模のパンデミックを長引かせる恐れがある (Herzog et al. 2021)。たとえば，先進国ではワクチン接種により感染がいったん収まったとしても，途上国でワクチン接種が行われずCOVID-19の感染が野放しになっていれば，既存のワクチンでは対処できないような新たな変異種が途上国で発生し先進国にもふたたび感染が広がるリスクがあり，このような事態を防止するためには世界全体でワクチン接種を進める必要がある。「すべての人が安全になるまでは，誰も安全ではない (no one is safe until everyone is safe)」のである (WHO 2021b)。

このようなワクチン・ナショナリズムの難点を克服し，世界全体でのワクチンの公正かつ衡平な配分を実現しようとするのが，COVAXと呼ばれる国際的

な協力の枠組である。それでは，COVAX によるワクチン配分は，公正かつ衡平であると言えるのであろうか。そこで以下では，COVAX の仕組みについて概観し，COVAX によるワクチン配分の公正性および衡平性について検討したい。

2　COVAX：市場メカニズムを利用した公正かつ衡平な配分の試み

(1) ワクチン配分を規律するの国際法制度の欠如

COVID-19 のような感染症の国際的拡大の防止を任務とするのは，国際連合の専門機関のひとつである世界保健機関（WHO）である。WHO は，多数国間条約である世界保健機関憲章（Constitution of the World Health Organization, 以下憲章）によって設立された国際組織であるが，憲章には，感染症の防止を含め保健問題に関する加盟国の行動についての実体的規律は存在しない。その代わりに，WHO のすべての加盟国から構成される世界保健総会に，感染症などの事項について規則を採択する権限を与えている（憲章 21 条）。採択された規則は，総会による通告が定める一定期間内に，規則の拒絶または規則に対する留保を事務局長に通告した国以外のすべての加盟国に法的拘束力を生じる（憲章 22 条）(Gostin 2014: 111)。この規則制定権限に基づき，「国際交通及び取引に対する不要な阻害を回避し，公衆衛生リスクに応じて，それに限定した方法で，疾病の国際的拡大を防止し，防護し，管理し，及びそのための公衆衛生対策を提供すること」を目的として 2005 年に採択されたのが，国際保健規則（IHR（2005））である（WHO 2005）。しかし，この規則は，ワクチンの配分についてはなにも定めていない。

(2) ACT アクセラレーター

そこで，COVID-19 に関する診断，治療，ワクチンの研究開発，生産および衡平なアクセスを推進するために，2020 年 4 月に WHO，EU 委員会，フランスおよびビル＆メリンダ・ゲイツ財団の主導によって発足したのが，ACT アクセラレーター（Access to COVID-19 Tools（ACT）Accelerator）である。ACT アクセラレーターは，COVID-19 の感染爆発（パンデミック）を終結させるための，既存の組織

間の時限的な協働の枠組であり，意思決定機関ではなく，また新たな組織を設立するものでもない。したがってその活動についての公式の管理運営（ガバナンス）は，ACT アクセラレーターを共同で主催する既存の諸組織の意思決定機関によって行われる。ACT アクセラレーターの活動分野は，①診断，②治療，③ワクチン，④各国の保健システムとの連絡，の 4 つである（WHO 2021a）。

(3) COVAX

ACT アクセラレーターのワクチン部門が，COVAX と呼ばれる仕組みである。COVAX は，COVID-19 ワクチンが世界全体で高所得国・低所得国双方に入手可能になるよう確保するため，国連児童基金（UNICEF），世界銀行，各国政府およびワクチン製造者と協働するグローバルなイニシアチブであり，① Coalition for Epidemic Preparedness Innovations（CEPI，ノルウェー法人），② Gavi, the Vaccine Alliance（Gavi，スイス法人），③ WHO の 3 者が共同で主催する。

このうち，スイス法上の非営利法人である Gavi が主導する COVAX のワクチン調達・配分部門は COVAX ファシリティー（COVAX Facility）と呼ばれ，その参加国は 193 を数える（WHO 2021b）。

COVAX ファシリティーは，すべてのワクチンの入手および公平なアクセスのために需要と資源をプールする仕組である。具体的には，参加国から払い込まれた資金や政府開発援助（ODA）などからの寄付金によって大量の資金をプールし，この資金を用いて Gavi が，有望な諸ワクチン候補について複数の製薬会社と「事前購入合意」を締結し，これら製薬会社に研究開発資金を提供する見返りに実際に開発に成功したワクチンについて優先的な供給を受け，供給されたワクチンを参加国に公正かつ衡平に配分する。また，COVID-19 ワクチンについては，低所得国もワクチンが入手できるようにするために知的財産権を放棄すべきだとの議論も存在するが，COVAX ファシリティーはそのような立場はとっておらず，ワクチンに関する知的財産権は尊重される（Gavi 2020a; 加藤 2021）。

このように，COVAX ファシリティーも，「事前購入合意」を用いてワクチンを確保する点ではワクチン・ナショナリズムの手法と変わらない。しかし，各

国がそれぞれ製薬会社と契約するワクチン・ナショナリズムとは異なり，①集まった大規模な資金を用いて Gavi が複数のワクチン候補に投資することによりワクチン開発失敗のリスクを分散することができる，②供給されたワクチンを参加国の間で配分するので，低所得国もワクチンを入手できる，という利点がある（Phelan et al. 2020: 801）。

(4) COVAX ファシリティーに関わる契約の類型

　COVAX ファシリティーの活動は大まかにいって 3 種類の契約によって支えられている（von Bogdandy and Villarreal 2021: 106-107）。

　まず，上で説明したように，WHO 憲章や国際保健規則といった法的拘束力を有する文書にはワクチンについての定めはなく，ましてや COVAX ファシリティーのようなワクチン配分の仕組みへの参加を法的に義務づける規定は存在しない。したがって COVAX ファシリティーへの参加は任意である。そこで，参加を希望する国は，Gavi と契約を結ぶ必要があるが，この契約には，大きく分けて次の 2 種類がある。

　第 1 に，高所得国は，「自己負担参加国（Self-Financing Participants）」として Gavi と「誓約合意（Commitment Agreement）」を締結する。自己負担参加国は，Gavi がワクチンを研究開発する製薬会社との「事前購入合意」を結ぶために必要な資金を前払いする義務を負い，また COVAX ファシリティーから供給されるワクチンについても代金を支払う（Gavi 2020a; 加藤 2021）。自己負担参加国はワクチンについて費用を負担するので，一見したところ COVAX ファシリティーに参加する利点がなさそうだが，上で述べたように，COVAX ファシリティーは集めた大量の資金を複数のワクチン候補に投資することで開発失敗のリスクを分散できるので，契約した製薬会社がワクチン開発に失敗してしまいワクチンが供給されないという各国単独の「事前購入合意」のリスクを低減できる。

　第 2 に，低所得国（92 カ国）は AMC（Advance Market Commitment）有資格国（AMC-Eligible Economy）として Gavi にワクチン要請書を提出することによって Gavi と契約を結ぶ。AMC 有資格国にワクチンを調達し配分するために必要な費用は ODA や民間財団などの寄付金で賄われるので，自己負担参加国と異なり AMC

有資格国には金銭上の負担はない（Gavi 2020b; 加藤 2021）。

　そして，すでに何度か触れたように，Gavi は，自己負担参加国からの前払い金および ODA などからの寄付金をプールし，このプールされた大量の資金を元手として複数の有望なワクチン候補の製造者と「事前買取合意」を締結する。

(5) 限られた成果

　COVAX ファシリティー は，2021 年末までに AMC 有資格国に少なくとも 9 億 5000 万回分のワクチンを供給することを目標とする（Gavi 2020b）。しかし，2021 年 11 月半ばの段階で AMC 有資格国に供給されたワクチンは 2 億 5650 万回分に留まり，2021 年末までの供給予測も，5 億 8430 万回に留まっている。その結果，2021 年 11 月半ばの段階で，高所得国の人口の 67% が COVID-19 ワクチンの接種を完了しているのに対し，低所得国では，1 回目の接種を終えた者でさえ人口の 5% 未満に過ぎない（Sirleaf and Clark 2021）。

　このように，これまでのところ COVAX ファシリティーは期待されたような成果を上げていない。その原因としては，第 1 に，AMC 有資格国へのワクチンの供給は，もっぱら寄付金に頼っていることが考えられる。G7 や中国などは寄付を約束しているが，実際にいつ寄付が行われるのか，その日程は透明性を欠いている。第 2 に，そもそもの問題の発端であった個別国家と製薬会社 2 者間の合意の締結は，COVAX ファシリティー参加国についても禁止されていない（Gavi 2020a）。その結果，たとえばブースターと呼ばれる 3 回目のワクチン接種計画のための高所得国と製薬会社の間の非公開の契約によって，中・低所得国への供給が阻害されている（Sirleaf and Clark 2021）。

3　COVAX におけるワクチン配分枠組

(1) 配分枠組の指針としての衡平と公正

　COVAX ファシリティーについては，このように寄付への依存や 2 者間の「事前買取合意」の放置といった制度設計上の問題がある。しかし以下では，仮にそれらの供給に関する問題が解決されたとしてもさらに問題になる点，すなわ

ち COVAX ファシリティーによるワクチン配分の公正性および衡平性の確保の問題について，見ていこう。

　上で説明した Gavi と参加国の間の契約の約款（Terms and Conditions）において，ワクチンの配分は，WHO が開発する配分枠組に基づいて決定されると定められている（Gavi 2020a; Gavi 2020b）。

　実際，WHO は，2020 年 9 月にワクチンの公正な配分の枠組を策定している。この枠組によれば，COVID-19 に関わるワクチンなどの希少な資源の配分については，「衡平（equity）」や「公正（fairness）」といった倫理的価値が指針とならねばならない。希少な資源の配分方法の選択は最も価値のある目的を反映するものでなければならないが，なにが正しい目的や選択であるかは，科学やエビデンスだけでは明らかにならず，価値判断（value judgement）を必要とする。したがって配分は，なによりもまず，すべての人間の道徳的価値は平等であり，人間であるという事実に基づいて同一の権利をもつという前提に基づかねばならない。それゆえ人種，出生地，性，支払い能力などの，本人がコントロールできない特徴に基づく配分は許されない（WHO 2020a）。

　それでは，配分枠組の指針となる「衡平」や「公正」はどのように定義されるのだろうか。WHO によれば，「衡平」は，「同じような事例が同じように扱われる（similar cases be treated similarly）」ことを要求する。他方「公正」の意味するところや要求するものについては様々な見解が競合しており，しかもそれぞれの見解はそれ自体としては道理にかなっている。したがって，配分の指針となる公正の内容は明確に説明され弁護されなければならず，またその適用は一貫していなければならない。WHO としては，①パンデミックの終息に関して最善の帰結をもたらす仕方でのワクチン配分を最優先目標とし，②最もワクチンを必要とする人々への配分を二番目に優先される目標とするワクチン配分を，公正な配分と考える（WHO 2020a）。

(2) 配分の具体的な枠組

　このような「衡平」および「公正」の概念に基づき，WHO は次のような具体的な配分枠組を策定している（WHO 2020a）。

WHO によれば，ワクチン配分の大目標は個人と保健システムの保護および，社会・経済への影響の最小化であるが，ワクチン供給が希少であると想定される初期段階においては，死者の減少と保健システムの保護を焦点とすべきである。この死者の減少と保健システムの保護という初期の目標の観点から，医療介護従事者，65 歳以上の人および基礎疾患のある人というワクチン接種の優先的対象が特定される。そして，大部分の国については，人口の 20％へのワクチン配分でこれらの人々をカバーできる。

　そこでワクチンの配分は 2 段階に分けて実施される。第 1 段階は，すべての国の人口の 20％へのワクチン接種が達成されるまでの期間であり，この第 1 段階では，すべての参加国に対して，各国の人口に応じたワクチンの比例配分がなされる。

　第 2 段階は，すべての参加国の人口の 20％への接種が達成された後の配分であり，この段階では，比例配分ではなく，脅威（疫学データに基づく COVID-19 の一国への潜在的影響）および脆弱性（各国の保健システムおよび人口要因の考慮）の観点からの各国のリスク評価に基づく加重配分がなされる。

　WHO によれば，第 1 段階の比例配分は，初期段階においてすべての国の基本的ニーズを同時に充足するものであり「公正の原則（the principle of fairness）」に合致し，第 2 段階における加重配分は，国家間のリスク状況の相違を勘案するものであり「衡平の原則（the principle of equity）」に合致する（WHO 2020a）。すでにみたように，WHO は公正を①パンデミックの終息に関する最善の帰結と②最もワクチンを必要とする人々への配分と捉えていた。WHO の見方では，比例配分はこの公正の基準に合致するということであろう。また，WHO は衡平を，「同じような事例が同じように扱われる」ことと定義していた。第 2 段階での加重配分は，この衡平の概念の裏返しとして，異なるリスクを有する国々は異なった扱いが必要になるという命題に合致するということだろう。

(3)　その批判
　このように，COVAX ファシリティーによるワクチンの配分は，第 1 段階での人口に応じた比例配分，第 2 段階での各国の異なるリスクを勘案した加重配

分という基準で実施される。しかし，とくに第 1 段階における比例配分に対しては，強い批判がある（Herzog et al. 2021）。

この批判によれば，ワクチンは，死者および深刻な経済的・社会的被害を減少させるというワクチンの最も蓋然性の高い機能に即して配分されるべきであり，WHO の採用する比例配分は，人間の幸福，人間の平等な尊重およびグローバルな衡平という WHO 自身が掲げる倫理的価値に合致しない。これらの価値に合致するのは，比例配分ではなく「公正な優先順位モデル（fair priority model）」に基づく配分である。

「公正な優先順位モデル」は，人々への利得および被害の限定，不利な立場にある者の優先，および平等な道徳的関心という広く共有された倫理的価値に基づき，具体的には次のような 3 段階のワクチン配分を提案する。まず第 1 段階においては，COVID-19 により引き起こされる早死（premature death）を減少させるため，1 回のワクチン接種により回避できる標準期待逸失余命（SEYLL）の度合いを基準に国家間に配分する。第 2 段階では，経済的・社会的被害を減少させるため，1 回のワクチン接種による国民総所得（GNI）の改善および絶対的貧困ギャップの縮減を基準に，国家間で配分が行われる。第 3 段階では，社会でのCOVID-19 の感染拡大を終息させるため，感染率（transmission rate）が最も高い国に優先的に配分がなされる。

(4) 手続的公正

WHO の配分枠組と，その批判者が提唱する「公正な優先順位モデル」の，いずれが公正・衡平であるかは，ここでは脇に置いて構わないだろう。なぜなら，なにが「公正」については唯一の基準が存在するわけではなく，競合するがそれぞれは道理にかなった複数の立場がありうることは，WHO 自身が認めていたのである。

むしろ課題は，WHO も指摘しているように，このように公正についての複数の立場が存在するなかで，ある特定の立場とそれに基づくワクチン配分基準をだれがどのような根拠でどのように選択したかという，意思決定の手続的公正（procedural fairness）ないし正統性（legitimacy）の確保にあると言えるだろう。すな

わち，ワクチンのグローバルな配分についての選択が正統かつ公正であるためには，①選択自体，②選択の道徳的正当化，および③選択プロセスが，公にコミュニケートされねばならず，また，その選択により影響を受ける人々の視点を包摂するものでなければならず，新たなエビデンスやその他の関連事情・情報に基づく修正に服さなければならない（WHO 2020a）。ワクチンに関する WHO への助言機関である SAGE（Strategic Advisory Group of Experts on Immunization）の言葉を借りれば，「共有された価値，入手可能な最善の科学的エビデンス，および影響を受ける諸当事者による適切な代表およびインプットに基づく，透明なプロセスを通じた，ワクチン配分についてのグローバルな決定」が必要となるのである（WHO 2020b）。

(5) 配分枠組の決定における手続的公正の欠如

問題は，このように WHO 自体が，ワクチンのグローバルな配分の意思決定過程への「影響を受ける諸当事者による適切な代表およびインプット」を強調しているにもかかわらず，上で見た配分枠組の決定のプロセスに，この決定により影響を受ける者を実際に参加させた形跡がないことである。

配分枠組の決定によってまず影響を受けるのは，COVAX ファシリティーに参加している 193 の国であろう。しかし，Gavi とこれらの参加国の契約の約款においては，配分枠組は「WHO により開発され，自己負担および AMC グループの諸参加国の定期的再検討（periodic review）に服する」と定めているだけである（Gavi 2020a; Gavi 2020b）。つまり，COVAX ファシリティー参加国は，配分枠組の決定プロセスに参加する機会は与えられず，WHO により配分枠組が決定されてから一定期間を経たのちに，それまでの配分枠組による配分の実績を踏まえた再検討の機会を事後的に与えられるに過ぎないと考えることができる。

問題はそれだけではない。配分枠組により影響を受けるのは，参加国だけでないはずである。ワクチンは個人を COVID-19 から守るために個人に接種されるものであり，ワクチンの配分によって実際に影響を受けるのは個人であろう。たとえば WHO の配分枠組では，ほとんどの国では人口の 20% の接種で医療保険従事者，65 歳以上の高齢者，基礎疾患をもつ者をカバーできるという理由で，

人口 20％の接種までの第 1 段階では，各国の人口に応じた比例配分が行われる。しかしこの場合，これらの優先接種対象者が人口の 20％に満たない国では高齢者以外の人も接種できてしまうのに対して，日本のように高齢者だけで人口の20％を大きく超える国では，高齢者でもワクチンが配分されない人が出てくる。この場合，ワクチンを受け取れない高齢者は，WHO による配分枠組の決定によって負の影響を受けていると言えるだろう。

4　影響を受ける者の意思決定への参加とその限界

　ここまでの検討から，WHO のワクチン配分枠組の決定については，①影響を受ける者の範囲が参加国に限定されており，②参加国であっても意思決定プロセスへの参加は認められず事後的な再検討の機会しか与えられていない，という 2 点で，WHO 自体が強調する手続的公正ないし正統性に欠ける部分があると考えることができる。

　それでは，このような影響を受ける者の意思決定への参加の不十分さは，WHO の単なる怠慢なのであろうか。それとも，そもそも影響を受ける者の意思決定への参加という考え方自体に限界があるのであろうか。最後にこの点を簡単に検討しよう。

(1) 決定者と被影響者

COVAX ファシリティーによるワクチンのグローバルな配分は，COVID-19 パンデミックを終息させることを最終目的とするものである。つまり配分枠組の決定次第で，将来において COVID-19 による死者その他の有害な帰結が左右されることが前提とされている。ワクチンをうまく配分すれば将来の死者は減少する可能性が高まり，逆に誤った基準で配分すれば将来における死者の数が増える可能性が高まるというわけである。

　このような，現在における決定に帰属される，未来における損害の蓋然性を，社会学者ルーマンは「リスク」と呼び，現在における決定に帰属されない未来における損害の蓋然性を指す「危険」と区別した。ルーマンによれば，現代社

会では，かつては「危険」とされていたものが，ますます「リスク」としてコミュニケーションされるようになっている（ルーマン 2014: 17-48）。これはたとえば，将来地震で家が倒壊する蓋然性は，昔はなんらかの決定の帰結だとは考えられてはいなかったが，現代社会では，耐震工事を行わないという現在における決定の帰結であると考えられたりする，といった事態を指している。

　そして，このように未来における損害の蓋然性が現在における決定に帰属させられるようになった結果，現代社会では決定者と被影響者という区別が有力になる。世界では日々無数の決定が行われており，すべての人がすべての決定に参加することは実際上不可能である。その結果，決定する者と，この他者の決定によって将来損害を受ける蓋然性のある者との区別が生じるのである（ルーマン 2014: 124-147）。たとえば原子力発電所の建設を決定する電力会社は決定者であり，その決定に参加していないが将来原発事故により損害を受ける蓋然性がある人々は被影響者である。

(2) 全被影響者原理とその限界

　このようなルーマンの議論を踏まえれば，WHO が言うような，影響を受ける者の意思決定への参加という考え方は，すべての被影響者を決定に参加させることによって，決定者と被影響者を一致させようとするものと言えるだろう。

　影響を受ける者の意思決定への参加を求める立場は，「全被影響者原理（All-Affected Principle）」と呼ばれる。この立場は，ある政治的決定の影響を受ける者はだれでもその決定の作成過程に参加する権利をもつべきであるという，民主制の理念（松尾 2016: 356-360）や積極的自由の観念（伊藤 2020: 27-30），さらにはグローバル・ガバナンスの諸機関の活動の統制という行政法的な観点（Benvenisti 2014: 178-184）により，根拠づけられている。

　しかし，これらの理念により規範的には正当化されるとしても，「全被影響者原理」を，たとえば今回問題となっているワクチンのグローバルな配分の決定といった個別具体的な問題に実際に適用することには困難が伴う。第1に，影響を受ける者の範囲をいかに決定するかという課題がある。周知の通り COVID-19 は世界全体に蔓延し世界中の人々の健康に脅威を与えているのだから，このパ

ンデミックを終息させることを目的とするワクチンのグローバルな配分は，世界のすべての人に多かれ少なかれ影響を与えると考えることができる。しかし，WHO による配分枠組の決定プロセスに，世界のすべての人が参加することは現実的ではない。そもそも世界中の人を参加させる仕組みが現在のところ考案されていないし，仮にそのような仕組みが存在したとしても，全世界の人々の意見を聞き討議したうえで決定を行うまでには膨大な時間を要するであろう。しかしパンデミックは日々進行しているのであって，ワクチンが入手可能になったら即座に配分できるようにワクチン配分枠組の決定も迅速に行われなければならない。

(3) 影響を受ける者は事後的にしか確定できないという難点

第 2 に，「全被影響者原理」は，多かれ少なかれ影響を受ける人すべての参加を要求するものではなく，「重大な影響を受ける者」に意思決定への参加を認めるだけでよいと考えることはできる。その際，影響の重大性を一義的に決定する基準が存在しないことが問題となるが，その決定は熟議を通じて行えばよいとされる。つまり，熟議は外部からの異議申し立てに開かれており，異議に応じて包摂すべきステークホルダーの範囲を絶えず修正していけばよいのである（松尾 2016: 362-364）。

しかしこの場合，「全被影響者原理」によってワクチン配分枠組の決定の手続的公正さを確保することはできないということにならないだろうか。ルーマンに依拠して上で論じたように，ワクチン配分枠組で問題となっている決定は，COVID-19 への感染といった将来における損害の蓋然性が帰属する決定である。したがって決定の結果として実際だれに重大な影響が発生するかは，決定の時点では不確定であり，将来の時点でしか確定できない（松尾 2016: 359）。したがって，「この人は重大な影響を受けるだろう」という見込みに基づいてワクチン配分枠組の決定プロセスへの参加者を特定しても，将来において実際に重大な影響を受けた者の範囲が確定した時点で，本来参加すべきだった者が参加していなかったかまたは本来参加する必要がない者が参加していたので意思決定は手続的に公正でなかった，という帰結が発生する可能性は，原理的に排除できな

い。

(4) 事後的な正統化という方向性

　このように考えてくると，WHO が，ワクチン配分枠組の決定に関して，みずから手続的公正ないし正統性の必要性を強調しておきながら，実際には意思決定プロセスにだれも参加させず WHO だけで決定し，ただ事後的な再検討への参加の余地だけを残したことには，やむを得ない部分があったとも言えるだろう。一方で世界のすべての人を参加させるのは現実的に不可能であり，他方で「重大な影響を受ける者」だけを参加させるとしても，その範囲を事前に確定することは原理的に不可能なのであれば，意思決定への参加は断念し，再検討といった事後的な手続への参加によって正統性を確保しようと考えたとしても無理はない。

　しかし，意思決定への参加による手続的公正の確保には限界があるとしても，だからといって意思決定プロセスへの参加は一切必要がないとは言えないだろう。その場合であっても，参加者からの情報や意見のインプットによって決定の質が高まり，また広範な参加に基づく決定は，決定の名宛人により遵守される可能性が高まるといった，道具的な価値はある（Benvenisti 2014: 178-184）。さらに，決定の結果として将来発生するかもしれない損害が破局的なものであると知覚される場合（ルーマン 2014: 173-174）には，事後的な手続では後の祭りであり，決定プロセスへの参加が求められるであろう。ワクチン配分枠組についての決定次第で将来何千万人もの死者が発生する可能性があるとするなら，多くの人はこれを破局的であると考えるのではないだろうか。したがって，手続的公正さの保障にはならないとしても，なおも意思決定への可能な限り広範な参加は追求されるべきであろう。

　また，事後的な手続それ自体についても，WHO のワクチン配分枠組に関してはさらなる改善の余地がある。現在のところ事後的な手続として想定されている手続形態は，配分枠組の「再検討（review）」だけであり，しかもこの手続に参加する資格があるのは，COVAX ファシリティー参加国だけである。しかし，手続の形態については，たとえば配分枠組の結果としてだれかに重大な損害が

発生した場合には，単に枠組を再検討し修正するだけでは十分でなく，損害に対する補償や賠償といった「救済（remedy）」の手続も必要になるのではないだろうか。参加者についていえば，重大な影響を受けたと異議を唱える者とのコミュニケーションを通じて WHO が参加者の範囲を修正していくことは，事後的には比較的容易だと考えられるのだから，「再検討」手続であれ「救済」手続であれ，参加者の範囲を COVAX ファシリティー参加国に限ることは正当化されないように思われる。

5　おわりに

COVAX は，ワクチン・ナショナリズムを克服し公正かつ衡平にワクチンをグローバルに配分するための野心的な試みである。しかし，ここまで検討してきたように，COVAX もいくかの問題点があった。COVAX の改善や将来のパンデミックにおけるワクチン配分枠組の設計においては，少なくとも次の 3 つの課題に正面から取り組むことが求められるだろう。

まず①低所得国へのワクチン配分のための費用を任意の寄付金に依存するのではなく，分担金のようななんらかの拠出義務を先進国に課す必要があろう。また，②ワクチン・ナショナリズムの温床である個別国家と製薬会社 2 者間合意については法的に禁止すべきだろう。

そして，何よりも求められるのは，③可能な限り広範囲の者の意思決定プロセスへの参加と，実際に重大な影響を受けた者の事後的な再検討や救済の手続への参加とをうまく組み合わせることによって，ワクチン配分の公正性・衡平性を高めていくことである。

参考文献

Benvenisti, Eyal, 2014, *The Law of Global Governance*, Hague Academy of International Law

Gavi, 2020a, COVAX Facility Terms and Conditions for Self-Financing Participants（19 October 2020）

Gavi, 2020b, Vaccine Request Annex A: COVAX Facility Terms and Conditions for the AMC

Group Participants（18 November 2020）

Gostin, Lawrence O., 2014, *Global Health Law*, Harvard University Press

Herzog, Lisa M., Ole F. Norheim, Ezekiel J. Emanuel, and Matthew S. McCoy, 2021, "Covax Must Go Beyond Proportional Allocation of Covid Vaccines to Ensure Fair and Equitable Access," BMJ 2021;372:m4853

伊藤一頼，2020，「国際法と立憲主義――グローバルな憲法秩序を語ることは可能か」森肇志・岩月直樹編『サブテクスト国際法』日本評論社，18-30 頁

加藤暁子，2021，「コロナウィルス・ワクチンへのアクセス促進をめぐる枠組み――COVAX，知的財産プール，さらに特許権の放棄？」国際法学会エキスパート・コメント No.2021-5, https://jsil.jp/archives/expert/2021-5

ルーマン，ニクラス，2014，小松丈晃訳『リスクの社会学』新泉社

松尾隆佑，2016，「影響を受ける者が決定せよ――ステークホルダー・デモクラシーの規範的正当化」『年報政治学』2016（2）: 356-375

Phelan, Alexandra L., Mark Eccleston-Turner, Michelle Rourke, Allan Maleche, and Chenguang Wang, 2020, "Legal Agreements: Barriers and Enablers to Global Equitable COVID-19 Vaccine Access," *The Lancet*, Volume 396, Issue 10254, 19-25 September 2020, pp.800-802

Sirleaf, H. E. Ellen Johnson, and Rt Hon. Helen Clark, 2021, Losing Time: End this Pandemic and Secure the Future: Progress Six Months after the Report of the Independent Panel for Pandemic Preparedness and Response（22 November 2021）

von Bogdandy, Armin, and Pedro A. Villarreal, 2021, "The Role of International Law in Vaccinating Against COVID-19: Appraising the COVAX Initiative," *Zeitschrift für ausländisches öffentliches Recht und Völkerrecht*, Vol. 81（2021）: 89-116

WHO, 2005, Resolution WHA58.3（23 May 2005）

WHO, 2020a, WHO Concept for Fair Access and Equitable Allocation of COVID-19 Health Products（Final working version 9 September 2020）

WHO, 2020b, WHO SAGE Values Framework for the Allocation and Prioritization of COVID-19 Vaccination（14 September 2020）

WHO, 2021a, What is the Access to COVID-19 Tools（ACT）Accelerator, How Is It Structured and How Does It Work?（Version: 6 April 2021）

WHO, 2021b, Joint COVAX Statement on Supply Forecast for 2021 and early 2022（8 September 2021）

第**3**章

ヨーロッパ諸国のコロナ禍への対応と社会的公正

水島 治郎

1 はじめに

　「われわれは戦争のただ中にある（"Nous sommes en guerre"）」。

　新型コロナウイルスの感染が拡大の一途をたどっていた2020年3月16日，フランスのマクロン大統領はフランス国民に向けてテレビ演説を行った。そして現状を新型コロナウイルスとの戦い，すなわち「戦争のただ中にある」とする警告を発したうえで，拡大する新型コロナウイルスの封じ込めのため，ロックダウン（都市封鎖）を実施することを発表した。これ以後フランス全土においては，集会や会合の禁止，外出の原則的な禁止が始まった。すでに決まっていた全国の学校の一斉休校措置，レストランや映画館などの営業禁止などとあわせ，フランスの都市では，日中の街中から人の姿がほとんど消えることとなった。街頭には警察官が出動し，違反行為の摘発に当たった。外出は通院や買い物，（テレワークが困難であるためにやむを得ず行う）通勤などの理由がある場合にのみ認められ，違反者には135ユーロ以上の罰金が科された。2020年中葉に感染状況が好転したことで，各種制限は緩和されたものの，2020年末から感染の再拡大が進み，やはり同様のロックダウン政策が採用された。

　このようにフランスをはじめヨーロッパでは，概してロックダウンを含む厳

しいコロナ対策が採用された。ロックダウンに加え，マスク着用の義務化も広く実施された。さらに 2021 年，新型コロナウイルスワクチンが普及すると，やはりフランスを典型として，「コロナパスポート」などを通じたワクチン接種の促進 —— これには国家によるワクチン「強制」として批判もなされている —— も始まっている。なおアメリカ合衆国においては，特にニューヨーク州などの大都市圏のコロナ対応は，ロックダウンやワクチンの「強制」など，ヨーロッパ諸国と共通する部分が多い。

　「人権」という概念を生み出し，個人の自由を尊重する意識が根付いているかに見えるヨーロッパ諸国やアメリカで，人々の自由を強く制約するロックダウンが広く実施され，マスク強制やワクチン強制が進められたことは，意外の感を免れない。これらの国では集会の自由，外出の自由，営業の自由などが軒並み制限され，人々の自発的な行動は大きく制限された。また，「人の移動の自由」を掲げてきた EU の中にありながらも，EU 加盟各国はその「自由」を大きく損なう国境管理を全面的に導入し，外国人の入国に強い制限を行った。「自由」を尊重する国々が，「自由」を率先して損なうかに見える政策を積極的に進めたといえる。「自粛」重視の日本と対照的な政策が展開されたのである。

　本章では，EU 諸国を主として対象としつつ，国際比較の観点から，パンデミックのもたらした各国政治社会への影響を概観する。そしてそこからあぶりだされた，日本を含む世界各国の国家 – 社会の編成のあり方について，比較対照を通じて明らかにしてみたい。

2　パンデミック対応の国際比較

(1)「二つの統制」という視点

　周知のように COVOD-19 と命名された新型コロナウイルスは，高齢者や基礎疾患のある人を中心に重症化を招きやすく，死亡に至らしめるリスクが高いことに加え，飛沫感染などを通じて無症状の感染者でも対人感染を引き起こすという感染力の桁違いの強さを特徴としている。効果的な治療方法が見出しづらい中で，感染拡大を放置すれば新型コロナウイルスの感染拡大は医療体制に

強い負担をかけ，医療崩壊を招いて一層多くの犠牲者を出すことは確実だった。これを防ぐためには，市民生活レベルに及ぶ感染防止対策が重要であり，人々の間に，いわゆる行動変容をもたらすことが不可欠と考えられたのである。

　しかしながら，この市民社会における感染防止を実現するために採られた政策手段は，世界各国で大きく異なっていた。

　ここで，感染防止を求めるための市民生活に対する統制手段として，「行政的統制」と「社会的統制」という「二つの統制」があることに着目し，その有無から考えてみよう。

　まず「行政的統制」とは，法律や政令などの法令を根拠とし，行政機構を用いた直接的な介入・統制を指す。飲食業などへの営業禁止命令や，正当な理由なき外出の禁止，マスク着用の義務づけ，ワクチン普及後における飲食店等への入店時のワクチンパスポート提示の義務づけなどがこれに該当し，違反者には罰金をはじめとする行政的制裁が加えられる。

　これに対し「社会的統制」は，行政機構ではなく，市民社会レベルにおける統制，いわば「社会的意識」に基づく統制を指す。たとえばマスク着用が義務づけられていない場合でも，社会全体でマスク着用を当然とする意識が共有され，マスクを着用していない人物に対する違和感がもたれ，陰に陽に非難がなされる場合には，個々人は好むと好まざるとにかかわらずマスク着用を求められていると感じ，ほとんどの場合，着用するだろう。明示的な罰則がないため，非着用者に罰金が科せられることはないが，市民社会レベルにおける何らかの排除対象となることを恐れ，大多数の人は着用することを選択する。

　以上の「二つの統制」に着目すると，次のように4つのパターンに分類することができる（**図3-1**）。縦軸が「行政的統制」，横軸が「社会的統制」の強弱を示す。

(2) 第一類型：欧米型

　左上の第一類型は，ヨーロッパやアメリカの州を典型とする，「行政的統制」が強く，「社会的統制」が弱いパターン。営業停止や外出禁止などのロックダウンを強力に行うことで，法令に基づいて対人接触を断ち切り，行動変容を強

図3-1　「二つの統制」に着目した新型コロナウイルス対応の国際比較

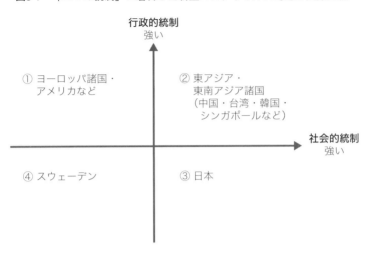

出所：筆者作成。

制した「行政的統制」優位のパターンである。欧米におけるロックダウンの具体的内容としては，原則外出禁止，夜間外出禁止，原則営業禁止，在宅勤務の義務化，学校の休校措置，大人数集会禁止，遠距離移動禁止などがある（大林 2021）。このパターンの場合，「社会的統制」は弱く，市民レベルの自主的な行動変容では感染拡大を防止できないとの観点から，行政的統制が前面に出ることになる。実際，ヨーロッパ各国ではマスク着用などへの市民レベルの違和感は強いなか，義務化することによって漸くマスク着用を一般化させることができた国が多い。他方，国家による市民社会への介入を正当化するこのパターンの場合，市民社会からの反発も強く，反ロックダウン運動，反ワクチン運動などの対抗運動も各国で引き起こされることとなった。

　今回のコロナ対応で EU 各国において特徴的だったことは，パンデミックによる国境管理の導入が，「公衆衛生」ではなく，「公共政策もしくは国内治安への脅威」という安全保障（セキュリティ）の観点にもとづき実施されたことである（岡部 2021: 7）。すなわち，パンデミックが「国家への脅威」として捉えられ，安全保障が脅かされていると認識された結果，国境管理が導入されたといえる

30

だろう。

(3) 第二類型：東・東南アジア型

　右上の第二類型は，（日本を除く）東アジア，東南アジアに多く見られる，「行政的統制」と「社会的統制」がともに強いパターン。中国，台湾，韓国などがこれに該当する。これらの諸国・地域においては，（必ずしもロックダウンという手法をとることがなくとも）行政機構が市民生活に積極的に介入し，営業制限，集会などの制限のほか，個々人の行動追跡による感染者・濃厚接触者の追求が進められ，「行政的統制」が広汎に実施された。しかもこれらの国・地域の場合，市民社会レベルでも感染防止に向けた意識が共有され，各種のルール違反は，市民レベルにおける非難の対象となることもある。少なくとも表面的には，感染封じ込めに向けた政府の姿勢はおおむね支持されている。この「行政的統制」と「社会的統制」の共存する東アジアパターンは，結果として見れば，人口当たり死者数で国際的に最も低い水準を達成している。

(4) 第三類型：日本型

　右下の第三類型は，日本を典型とする，「行政的統制」が弱く，「社会的統制」が強いパターン。周知のように日本では，「緊急事態宣言」がしばしば発出されたものの，一般市民の外出や移動の抑制については「自粛のお願い」に終始し，「禁止」されることはなかった。また，飲食業や大規模小売店舗などの営業停止・短縮などについても「要請」が基本であり，「命令」などの強制力を用いることはあくまで例外的だった。しかし日本では，市民レベルにおける「自粛」は広範に広がり，感染拡大のリスクが高いとされる集会・イベントや大人数における会食などの活動は激減した。「三密の回避」なる用語が広まり，合言葉として共有された。マスク着用は義務化されなかったものの，外出時のマスク着用はきわめて一般的な現象となった。感染者の少ない地域では，他の都道府県や大都市圏からの来訪者への忌避感が表面化することさえあった。市民社会レベルにおける「社会的統制」が，行政の意図を汲む形で，あるいはその意図を越えて作動したといえる。その背後に，日本社会における「同調圧力」があっ

図3-2　新型コロナウイルス感染への怖れを感じる比率

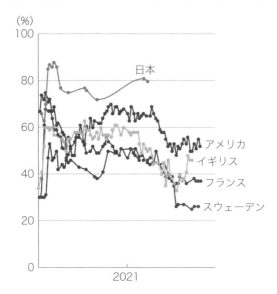

出所：YouGov ウェブサイト（https://yougov.co.uk/topics/international/articles-reports/2020/03/17/fear-catching-covid-19）をもとに筆者作成。

たと指摘されることもある。いずれにせよ日本では、「社会的統制」が発動されることが前提となった感染防止策が展開されたのである。

　なお「行政的統制」なき「社会的統制」という、世界でもやや珍しい形のコロナ対応が前面に来た背景として、日本社会における、特異なほど強い新型コロナウイルスへの「恐怖心」を考えることができよう。

　図 3-2 は、各国の人々における新型コロナウイルスへの恐怖心をグラフ化したものである。横軸は時間、縦軸は「きわめて」ないし「ある程度」、「新型コロナウイルスに感染する怖れを感じる」と回答した人の比率である。上から日本、アメリカ、イギリス、フランス、スウェーデンの順である。

　一見して明らかなとおり、日本では自らが感染することへの怖れを持つ人が顕著に多い。そもそも日本は、欧米諸国に比べ感染者、死者のいずれも大幅に少ないにもかかわらず —— すなわち —— 感染するリスクが明らかに低いにもかかわらず、強い脅威を感じているのである（池田 2020）。日本人は政府の政策

いかんにかかわらず，コロナ感染拡大への警戒心を社会レベルで共有し，「内面化」しているといえようか。

　なお，コロナに限らず，日本社会における主観的な脅威の強さについては，池田謙一（2019）が詳しく示している。池田によれば，日本では戦争，テロ，内戦などへの怖れも極めて強い。客観的事実として日本が戦争，テロ，内戦に巻き込まれる危険が他の諸国と比べ高いといえないにもかかわらず，恐怖心はトップクラスの高さを示している。いずれにせよ，日本は「行政的統制」を発動するまでもなく，市民の「恐怖心」を通じた自己抑制と相互監視，「自粛」を通じた「社会的統制」が，一定の効果を上げた国ということがいえよう。

(5) 第四類型：スウェーデン

　最後は左下の第四類型である。この類型は，スウェーデンを典型とする，「行政的統制」と「社会的統制」のいずれもが弱いパターンである。後に示すように，スウェーデンでは大規模集会の禁止などの措置は採られたものの，外出禁止や飲食店の営業停止などの強制的な措置は基本的に採用されず，市民生活はおおむね平常通り維持された。また，市民社会レベルにおける統制も弱かった。たとえば欧米諸国における人々の行動変容を比較した2020年4月の段階で（Imperial College London 2020a），スウェーデンでは「屋外でマスクを常に・しばしば着用した」人は，わずかに6％であり，その比率は極端に低い。「自宅外での勤務を避けた」人は38％，「店舗に行くことを避けた」人は50％であり，これも他の欧米諸国に比べて最低レベルである。「新型コロナウイルス感染への怖れを感じる」比率も低い（図3-2）。「市民的自由を尊重するスウェーデンで重視されたのは，ルヴェーン首相が語ったように，「大人の対応」であり，国家や社会による強制・圧力ではなく，各人が自主的・自律的に予防することで，感染の広がりを一定レベルに抑制することだった。この「自律」路線は，強力な抑制策を欠いたことで，周辺国と比して明らかに高い死亡率を招くことになったが，同国の戦略はおおむね国民に受容されている。その良し悪しは別として，「行政的統制」「社会的統制」のいずれをも発動せずに市民的自由を確保し，しかし感染による死者のある程度の増加を甘受したスウェーデンの路線は，一定

の価値判断に基づく政策選択の結果ということができる。

(6) 四類型からみた感染規模

　次に，前記の四類型と，新型コロナウイルスによる感染の規模との間の関係については何が言えるだろうか。ここで次の**図 3-3** をみてみよう。**図 3-3** は，各国・地域における人口 100 万人当たりの新型コロナウイルスによる累積死者数を比較したものであり，各国・各地域にもたらした新型コロナウイルスの被害が一目瞭然である。

　たとえば「社会的統制」の強い第二類型（東・東南アジア諸国）および第三類型（日本）における死者数は，世界全体の死者数を大きく下回っている。実際，日本を含めた東・東南アジア諸国は概して死者数が抑制されていることが知られている。新型コロナウイルスの感染防止において，日常生活における他者との接触の制限，マスク着用など，市民レベルの行動変容が大きな役割を果たすことを考えると，「社会的統制」の強い二つの類型で，被害が相対的に抑制されていることはある程度理解ができるところである。

　しかも特に，「社会的統制」に「行政的統制」が加わり，重層的にコロナの封じ込めを図る第二類型は，感染の抑制に最も効果を発揮することが予想されるが，実際，第二類型に属する中国，韓国，台湾は死者数が最も少ないグループに属している。そしてこれに対し，第三類型，すなわち「社会的統制」が強いものの「行政的統制」の弱い日本の場合は，他の東・東南アジア諸国と比較すると，人口当たりの死者数が多いことがみてとれる。

　これに対し第一類型に属するヨーロッパ諸国の場合，人口当たりの死者数が極めて多いことが特徴である。主として「行政的統制」に頼るヨーロッパ諸国の場合，ロックダウンなどの手法だけでは感染拡大を抑えきれず，犠牲者の増大を招いてしまったといえる。

　なお，「行政的統制」と「社会的統制」の双方が弱い第四類型のスウェーデンは，第一類型のヨーロッパ諸国と比して死者数が少ないことは，意外に思える。しかし地理的に近接する北欧のノルウェー，デンマークなどと比較すると，スウェーデンの死者数は突出して多い。北欧の周辺国は，スウェーデンと異なっ

図3-3　新型コロナウイルスによる人口100万人当たりの累計死者数

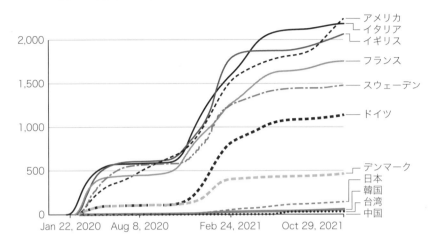

出所：Our World in Data, https://ourworldindata.org/covid-deaths（2021 年 10 月 31 日最終閲覧）。

て「行政的統制」を発動し，第一類型と同じ対応を選択したことで，スウェーデンと比べ死者数の大幅な抑制に成功したといえるかもしれない。

3　ヨーロッパ諸国の展開

(1) ドイツ・イタリア・イギリスの対応

　前節では，四類型を軸に，新型コロナウイルスの感染拡大を受けた各国の対応について，国際比較の観点から比較検討を行った。そこで本節では，ヨーロッパ諸国の対応についてより詳細に見たうえで，ヨーロッパのコロナ対応を特徴づける，国家による市民社会への介入をめぐる問題について考えてみたい。

　ドイツでは 3 月中旬，感染拡大を受けて危機感が急速に高まった。3 月中旬から下旬にかけてメルケル首相と 16 名の州首相が協議を行い，学校・保育所の閉鎖，集会の禁止とソーシャルディスタンス保持の義務化，外出制限，飲食業の営業禁止，体に触れるサービス業の営業禁止などが次々と進められた。その根拠となったのが感染症予防法であり，この法律は州政府に感染症拡大を防

ぐための政令を定める権限を与え，しかも憲法に規定された自由権（移動の自由，集会の自由など）を制限することを認めている。なお感染状況の差を背景に，州ごとの対応には濃淡があり，感染者の多い南部州では厳しい外出制限が課されたが，北部州では外出制限はやや緩かったという違いも見られた。そしてドイツでは4月には公共交通機関におけるマスク着用の義務化，6月にはコロナ接触確認アプリの導入も進んだ。

　なおドイツでは，そもそも科学者でもあるメルケル首相は，専門的・科学的知識を重視し，「徹底した情報の読み込みと理解」（森井 2021: 118）を通じてコロナウイルス対応を図り，しかも国民に向けてテレビで演説を行い，自分の言葉で厳しい感染防止措置の必要性を語ったことが評価された。たとえば2020年3月18日の演説では，メルケル首相は現下の状況を第二次世界大戦以来の国民的な危機と位置づけたうえで，感染拡大による医療崩壊を防ぐために国民の動向の制約が必要であると述べ，国民の理解を求めた。メルケル首相は，いわば「知と情」に訴えることで，国民との間に効果的なコミュニケーションを成立させ，高い支持を得ることに成功したといえよう（なおドイツにおけるコロナ対応については，横田（2022）が詳しい）。

　ヨーロッパで最初期に新型コロナウイルスが広まりをみせ，感染者の急増をみたイタリアでも，2020年3月，厳しいロックダウンが実施された（八十田 2021）。特にイタリア北部，商工業の発達したロンバルディア州，ヴェネト州で感染拡大が顕著であり，最初にクラスターが発生したとされるコドーニョという町は，ミラノの近くにある。ロックダウンは当初北部，ついで全国に拡大され，外出制限，学校の長期閉鎖，バールなどの飲食業の営業停止，スーパーや薬局などを除く店舗営業の停止，州を越える移動の禁止，などが決定された。政府は時限付き委任立法である「法律的政令」，あるいは「首相政令」を多用し，緊急の対応を可能とした。特にイタリアは，医療体制が他のヨーロッパ諸国と比べて脆弱であり，特に初期における致死率の高さの背景に，医療インフラの不足があると言われている。厳しいロックダウンの実施によって，かろうじて脆弱な医療体制を補った面もあろう。なお，2020年秋には感染の再度の拡大を踏まえ，同年10月，屋外におけるマスク着用が義務づけられた。

　当初，ヨーロッパ諸国の中には，フランスやイタリアのようなロックダウン措置，そして厳しい国境管理の導入といった強硬路線から距離を置き，社会生活への制限を一定の範囲にとどめたうえで，緩やかに新型コロナウイルスと「共存」しつつ抑え込もうとする国もあった。イギリスとオランダがこれにあたる。イギリスは当初，「イギリス人の60％が感染して集団免疫を達成する」などとする「集団免疫」路線をとったが（池本 2021: 292），感染の第一波では介護施設の高齢者を中心に大量の死者を出し，死者数でヨーロッパ最悪の水準となった。またイギリスでは，入国者の隔離措置も当初とられなかったが，これについても，初期に感染拡大国から入国した人々が，隔離期間なく国内に入ったことで，国内の感染悪化を招いたという見方がある。実際，ボリス・ジョンソン首相はコロナ問題への関心が薄く，関係会議への出席も少なかった。経済活動への影響を懸念する発想が強かったと思われる。

　しかしイギリスでも方針転換の必要性が明らかとなり，3月下旬には全国的なロックダウンが実施された。生活必需品を除く店舗の営業停止，集会の禁止，飲食業の営業停止，一日一回の運動や生活必需品購入などを除く外出禁止などが次々発表された（なおイギリスでは，公衆衛生政策はイングランド，スコットランド，ウェールズ，北アイルランドのそれぞれの地域によって異なる部分がある）。

(2) スウェーデンの対応

　スウェーデンでは，2020年3月に入り，ストックホルムなど大都市を中心に新型コロナウイルスの感染が広がった（吉武 2021）。同月以降，大人数による集会の禁止，高齢者施設への訪問の禁止が行われた。11月には，8人以上の集会，イベントが禁止されるなど，対策が実施されている。

　しかしながら，隣国のデンマークではすでに3月11日の時点で休校措置，公務員の自宅待機，各種公共施設やレストランの閉鎖など，大規模な措置が迅速にとられたことと比較すると，スウェーデンの対応はきわめて緩いものだった。市民の日常生活における禁止事項は少なく，勧告が中心であり，厳しい制限を課すことはなかった。小中学校の休校措置は採られず，飲食店での社会的距離の確保が奨励されたものの，商店の営業は基本的に継続され，買い物は通常通

り可能であり，バーやレストランも開店していた。デンマークと対照的な状況だったのである。

　3月22日のルヴェーン首相による演説では，国民が各自の責任を果たすこと，「大人としての行動」をとることが求められた。北欧政治研究者の吉武信彦が述べるように，スウェーデンの対策は，「緩やかな措置で感染を管理し，医療崩壊を避けつつ，国民の自己責任に基づき感染予防を行い，市民生活，経済活動を維持させる」ことを目指していたといえる（吉武2021: 167）。マスク着用も義務づけられることはなく，自主的な判断にゆだねられた。

　このスウェーデンの独自路線の背景には，国民からの支持もあった。感染対応を担う公衆衛生庁への信頼も高かった。公衆衛生庁は毎日定時に記者会見を開き，日々の感染状況について科学的知見に基づいた情報提供を行うことで，国民への情報提供を的確に行い，信頼を得ていたのである。

　他方，スウェーデンの人口当たりの新型コロナウイルスによる死者数は，周辺国のデンマーク，ノルウェーより明らかに多かった。周辺国はスウェーデンの感染状況を警戒し，2020年夏に入り，感染がやや落ち着いて周辺国における国境封鎖の解除が始まったさいにも，感染者の多いスウェーデンに対しては，封鎖解除を遅らせる対応をとった。

　特に問題とされたのは，死者が高齢者に集中していたことだった。介護者を通じ高齢者施設に感染が広がったことが大きい。このような感染被害の広がりに対しては，2020年末，カール16世グスタフ国王（74歳）が政府のコロナ対応を「失敗だった」として批判する発言を行った。国王が政策を直接批判することは異例であり，注目を集めた。

(3) 市民生活への介入

　市民によるマスク着用，そして義務づけの有無をめぐっても，国により違いがみられた。

　2000年5-6月に実施された調査（Imperial College London and YouGov 2020）によると，「国際機構がマスク着用を勧告した場合，あなたはマスクを着用しようと思いますか」という質問に対し，「着用したいと思う」と回答した人の比率は，ベトナ

ム，フィリピン，中国，シンガポール，タイなどの東・東南アジア諸国で軒並み 80％ を超えている。これに対しヨーロッパ諸国では，イタリアとスペインは 80％ を超えたものの，ドイツ，アメリカ，イギリス，フランスは 60％〜 70％ にとどまっており，スウェーデンやデンマークは 40％ 台に過ぎない（なおここでは日本は含まれていない）。

　2020 年 4 月から 10 月にかけてマスク着用について行われた調査は，その半年間に生じた変化も明らかにし，特に興味深い結果を示している（Imperial College London 2020b）。「自宅外でマスクをどの程度着用しますか」との質問に対し，「常に着用する」と回答した人の比率をみてみると，まず東アジア・東南アジア諸国は，概して 4 月時点からマスクを「常に着用」している人の比率が 7 割以上に達しており，10 月にかけて，その程度がさらに若干の高まりを見せる（ただし中国は「常に着用」の比率が低下している）。これに対し（北欧を除く）ヨーロッパ諸国の多くは，4 月時点では「常に着用」が 5 割以下の国が多かったものの，2020 年を通じて大幅に上昇を果たし，10 月時点では東アジア・東南アジア諸国と遜色ない水準に達している。このマスク着用率の変化という点で際立っているのがイギリスであり，食料品店におけるマスク着用者の比率は 6 月から 10 月の間に 67 パーセントと顕著な増加を示している。これに対しスウェーデンをはじめとする北欧諸国の場合，2020 年を通じて「常に着用」と回答した人の比率は一桁台にとどまっている（なおオランダも北欧諸国に次いで「常に着用」の比率が低い）。

　しかしイギリスなどのヨーロッパ諸国における，この半年間におけるマスク着用率の上昇もまた，マスク着用の義務づけが決定的だった。イギリス（イングランド）では 2020 年夏，公共交通機関，医療機関，スーパーマーケットを含む店舗におけるマスク着用が義務化され，違反者には罰金が科されることとなった。特に 7 月下旬に店舗におけるマスク着用が義務づけられたことのインパクトは大きく，イギリスの着用率は 7 月下旬の 10 日間だけで 30％ 以上上昇した。逆に言えばこのことは，国家による義務づけなくしてマスク着用率の大幅上昇を達成することが，きわめて困難だったことを示している。

　ワクチン接種をめぐる問題も同様である。2021 年 7 月より，EU デジタル COVID 証明書（Digital COVID Certificate）の運用が始まった。ワクチン接種を済ま

せたり，陰性であることを証明するものである。国によって活用方法は異なるが，フランス，イタリア，スペイン，オランダなどの各国で，飲食店や施設への入場，公共交通機関の利用にさいしての提示を義務づけている。一般市民へのワクチン接種の強制は実施されていないものの，ワクチンの非接種者が日常生活を送ることに困難を覚えることで，ワクチン接種への強い促しがなされていることは間違いない。また医療従事者をはじめ特定の職種について，接種の義務化を行う国もある。

(4) 市民社会による抵抗

　しかしここまでみたような外出禁止，マスク着用の義務化，ワクチン接種の「強制」等を軸とする，ヨーロッパ各国における市民社会への強力な国家介入は，これに対する社会の側からの強い反発も生んでいる。反ロックダウン，反コロナ政策などを掲げる対抗運動は 2020 年半ばから各国で支持を拡大し，暴徒化する例も少なくない。

　特にオランダは，市民的自由を尊重する国として知られる一方，比較的厳しい「行政的統制」による感染の封じ込めが実施されたことから，そのギャップは大きく，しばしば反コロナ対策をかかげる対抗運動が生じている。オランダのコロナ対策を「国家権力による抑圧」「医療を通じた独裁」と捉える人々は，たびたび抗議活動を展開してきた。「自分の健康には，自分で責任を持ちたい……政府はわたしたちを幼稚園児のように扱っている」と，デモのある参加者は語っている（AD, July 24, 2021）。

　オランダでは，多様なセクターが政府のコロナ対応を批判し，規制の緩和を求めていることが特徴的である。たとえば 2021 年 8 月には，エンターテインメント業界が足並みをそろえ，数百もの団体や運営組織の参加を得て，全国的なデモを繰り広げた。国際的な知名度を誇るノース・シー・ジャズ・フェスティバルの運営体も加わっている。アムステルダム，ロッテルダム，ユトレヒトなど各都市で実施されたデモには，実に 7 万人が参加した。

　ワクチン接種の普及を受け，2021 年 9 月より，オランダでは飲食店，文化施設，イベント参加に際し，「コロナ入場証明書」の提示が義務づけられること

となったが，これにも強い反発が寄せられた。ある反対派の弁護士は，「第二次世界大戦後初めて，オランダに一級市民と二級市民が出現した」と嘆じ，ワクチン非接種者が追及対象となっている，と批判する。オランダにおける厳しいコロナ対策を，第二次世界大戦中のドイツによる占領期の抑圧に引き比べる言説はしばしばみられ，「Covid ゲシュタポ」なる批判も飛び出している（NRC, September 21, 2021）。

4　パンデミックのもたらした政治変容：ナショナル・ポリティクスの再浮上

(1) 国境管理の導入

　ここまでみたように，コロナ拡大を受けての各国では国家介入の強化が進められてきたが，パンデミックによる政治変容は，それだけにとどまらない。ここではその中でも「ナショナル・ポリティクスの再浮上」という点に注目し，いくつかの観点から考えてみたい。

　まずは国境管理の問題である。EU では，EU 域内の自由移動の権利が EU 市民権として認められており，加盟国の多くがシェンゲン圏として域内自由移動可能な空間を構成している。しかし新型コロナウイルスの拡大のもと，この自由移動の権利，そして EU における国境管理を加盟国共同で行うという連帯の原則が，「存続の危機」にさらされた（岡部 2021: 3）。2020 年 3 月，EU はシェンゲン圏と外部の往来を禁止しつつ，域内国民については域内自由移動を保障したものの，すでに EU の多くの国は，パンデミックを受け，それぞれに国別の国境管理を導入していた。そもそも EU においては，人の移動をめぐる政策について，EU としての方針が加盟国に総じて受け入れられ，かつすべての加盟国において等しく施行されることを重視してきたが，その「連帯」の原則は，迅速な対応を重視する各国の個別の国境管理の発動によって掘り崩されたのである。EU の中核をなすドイツでさえ，即時に国境管理の導入を決定した。なおオランダのように，EU 市民やシェンゲン圏の市民に対し国境を開放していた国もある。とはいえ同様に国境管理を導入しなかった国々の多くは小国であり，有力国が軒並み国境管理を導入したことで，EU における人の流れは大きく滞

ることとなった。

(2) 復興基金

　また 2020 年の半ばには，欧州復興基金をめぐる EU 内部の対立も表面化した。EU 各国ではパンデミックに対処するため，大規模な財政出動が必要となることは共通認識とされており，すでに 3 月の時点で，EU は財政規律を各国に求める安定成長協定の例外条項の適用を決定し，各国における財政規律の棚上げを認めている（森井 2021: 120-121）。とはいえ，新型コロナウイルスによって特に打撃を受けたイタリア，スペインなどの場合，もともと財政が厳しい状況にあったこともあり，財政規律の緩和だけではコロナによる経済危機への対処が十分にできるとは思えない。そこで提案されたのが欧州復興基金の創設であり，これにより財政基盤の脆弱な南欧諸国などを支援し，ヨーロッパ全体の復興につなげることがめざされた。しかもそのさい，ユーロ危機の時には南欧諸国の「放漫財政」に批判的で，緊縮財政を南欧諸国に求めてきたドイツが姿勢を改め，新型コロナの拡大に苦しむ南欧諸国の支援に積極的に対応しようとしたことは，ドイツにおける重要な「政策的な転換」（森井 2021: 121）と言うことができる。2020 年の 5 月から 6 月にかけて，フランスとドイツの合意を軸に復興基金の青写真がつくられ，それを軸に，EU 委員会により 7500 億ユーロにおよぶ復興基金の設置が提案された。その 7500 億ユーロのうち 5000 億ユーロが返済不要の補助金，2500 億ユーロが融資とされた。

　しかしそこに立ちふさがったのが，「北」の小国たちだった。オランダ，スウェーデン，デンマーク，オーストリアの四国はスクラムを組み（ケチケチ四カ国（frugal four）と呼ばれた），財政規律を重視する立場から，巨額の財政支援の実施に反対した。補助金ではなく融資を基本とすべきことを主張したのである。四カ国の急先鋒は，ルッテ首相率いるオランダだった。オランダは復興基金の被支援国に年金・税制・労働などの国内改革を実施することを求めるべきと主張し，これに対しフランスのマクロン大統領，ドイツのメルケル首相はいずれも不快感を示した。スペインのサンチェス首相は，復興基金を「異なる政策セット」と組み合わせることは不適切だと批判した。イタリアのコンテ首相に至っ

ては，ルッテ首相について，「欧州委員会だけでなく，われわれすべてを侮辱するものだ」と強く反発した（八十田 2021: 102）。さらにハンガリーのオルバン首相は，オランダの姿勢を「かつての共産主義政権の手法と同じ」とさえ述べている（The Guardian, July 20, 2020）。

(3)　「ケチケチ四カ国」の理屈

　このケチケチ四カ国の強硬な姿勢の背景には，「南」の国々への財政支援をやすやすと認めてしまったら，自国内からの批判を招きかねないという思惑があった。たとえばオランダでは，2021 年春の総選挙を控え，「南」の諸国に「甘い」対応をとることは，特に右派ポピュリスト政党からの批判を招く可能性があった。その意味ではケチケチ四カ国による反対行動は，国内向けの「ポーズ」だった面もある。この内向きの思惑が優先する対応について，ある EU 関係者は「オランダはこの協議で，決して前向きな対応をとろうとしない」としたうえで，次のように評している。「彼らは自国の利益を擁護するためにブリュッセルに来ている。その無遠慮さ（bluntness）は傲慢さと理解されており，多くの人をいらだたせている」（Financial Times, July 9, 2020）。スウェーデンも状況は同様だった。スウェーデンでは，国民に重い税負担を課し，新型コロナウイルス対応で多額の予算が必要である中，補助金が「南」の国々に移転されていくことを正当化することは容易ではなく，「野党からも追及を受けることは必至」（吉武 2021: 172）だった。2020 年 7 月，長時間に及ぶ首脳会議の末に決着した復興基金は，総額は原案通り 7500 億ユーロだったが，ケチケチ四カ国の主張を受けて一定の譲歩を行い，補助金の額が 5000 億ユーロから 3900 億ユーロへと減額され，融資額が 2500 億ユーロから 3600 億ユーロに増額された（吉武 2021: 170-172）。最終的には全会一致の賛成で復興基金の導入が決まっている。

　なお復興基金をめぐっては，これとは異なるレベルでも対立が生じた。スウェーデンなどは，欧州復興基金の支払いに際し，被支援国における「法の支配」を条件とすることを主張したが，これについては「法の支配」をめぐり EUから批判の続くポーランド，ハンガリーから反発が生じている（吉武 2021: 172）。最終的には，「法の支配」をめぐる判断が欧州司法裁判所に委ねられるとしたこ

とで，ポーランド，ハンガリーの同意を得ることとなった。

(4) ワクチン争奪戦

イギリス政府は 2020 年 7 月，EU の新型コロナワクチン共同調達への不参加を表明している。その背景には，イギリスでワクチン開発が先行していたこと，共同調達に参加すると製薬企業と個別に交渉できなくなること，共同調達のガバナンスに対する発言権がないことなどがあった（池本 2021: 298）。そしてこの独自路線を選択したイギリスは，ファイザー社（アメリカ）とビオンテック社（ドイツ）が共同開発したワクチンを世界に先駆けて承認し，2020 年 12 月 9 日に接種を開始した。そしてアストラゼネカ社（イギリス），モデルナ社（アメリカ）のワクチンも承認した（なお，このワクチンの早期承認じたいは，イギリスの EU 離脱との直接の関係はない）（池本 2021: 297）。

他方，EU では 2021 年に入り，ワクチン供給の遅延問題が浮上した。1 月下旬，アストラゼネカ社の EU 内工場における量産が遅れることが明らかにされ，それとは別に，ファイザー社・ビオンテック社のベルギー工場の生産も減ることが明らかとなった（植田 2021: 77）。EU 側は，アストラゼネカ社の供給の遅れを問題視して批判するとともに，EU 域外へのワクチン輸出に制限をかけ，ワクチンの確保に躍起となった。

その結果，ワクチン接種で先行するイギリスと EU の状況は好対照をなし，ワクチンをめぐる EU とイギリスの利害対立は，全面的な紛争となることは避けられたものの，「ワクチン戦争」勃発直前と語られたほどだった。

(5) ポピュリズム時代のパンデミック

最後に，近年各国で勢力を拡大してきたポピュリズムに注目してパンデミックとの関係を考えてみよう。右派ポピュリズム勢力は，急進的な移民・難民批判を展開して「自国第一主義」を掲げ，存在感を強めている。いわばナショナル・ポリティクスを象徴するこのポピュリズムは新型コロナウイルスの感染拡大によって，どのような展開を示したのか。

一方では，パンデミックを好機として支持を広げるポピュリスト勢力があっ

た。たとえば死者数が多く，政府のコロナ対応が問題視されたフランスでは，政府批判を繰り広げるポピュリスト，国民連合のマリーヌ・ルペンが支持を集めることにある程度成功した。またイタリアでは，ドラーギ首相率いる政府が，左右勢力の大連合に支えられ，本来なら例外であるはずの政令によるコロナ対応を連発し，テクノクラート支配の度を強めている状況下で，右翼ポピュリストの野党，イタリア朋友が支持を拡大した。

　しかし他方，民衆の情動に訴えて既成のエリート層を批判し，支持を集めて権力の座に就くことに成功したポピュリスト指導者たちの場合，科学的な知見を軽視し，しかも対面で直接民衆に語り掛ける政治スタイルを堅持する傾向にある。周知のようにアメリカのトランプ大統領は新型コロナウイルスの脅威を軽視する発言を繰り返し，感染予防に及び腰だった。連邦政府におけるこの消極的な姿勢が，アメリカにおける新型コロナウイルス感染の爆発的拡大，世界トップレベルの死者数をもたらしたのではないかとの批判が多方面から寄せられ，2020年秋の大統領選挙におけるトランプの敗北の一因となったとも言われている。

　こうしてみると，ナショナル・ポリティクスの「再浮上」が生じているとしても，それがただちにポピュリスト勢力の政治的な拡大を招くかどうかは，定かではないと言えよう。

5　おわりに

　本章では国際比較の観点からコロナ対応について四つの類型を提示し，ヨーロッパに重点を置きながら検討してきた。では本章の議論は「公正」のあり方について，どのような示唆を与えるだろうか。

　コロナ対応をめぐり対極に位置する第一類型（ヨーロッパ諸国）と第三類型（日本）では，「公正」「不公正」をめぐる問題の現れ方が異なる。まず日本では，明確な義務づけがないまま「自粛」の要請が感染対策の軸となる中で，人々が「不公正」との感覚をいだくことがあったとすれば，それは「誰々が自粛要請を守らずに××している」「皆がマスクをしているのに誰々はしていない」といった，

他者との関係における「不公正」な状況に対してであった。他方ヨーロッパの場合,「不公正」として批判すべき対象があるとすれば,それは何よりも強権的に人々の自由を制約する国家権力であり,市民の意向を無視して一方的に権力を行使する政府だった。パンデミック下において「不公正」と考える枠組みが,類型によって異なっていたといえる。そしてその結果,日本においては非言語しがたい了解にもとづく相互監視が,ヨーロッパでは時としてむき出しの国家権力と市民の衝突が生じてしまう。

　今後,パンデミックにせよ災害にせよ,通常ならざる事態がしばしば起こりうることを考えると,日本にあってはルールの明確化による「公正」感覚の確保,ヨーロッパにあっては対話と相互理解を通じた丁寧なコミュニケーションによる「公正」感覚の回復が必要となるのではないか。「公正」「不公正」をめぐり,新型コロナウイルスが突き付けた課題は重い。[1]

参考文献

池田謙一,2019,『統治の不安と日本政治のリアリティ——政権交代前後の底流と国際比較文脈』木鐸社

池田謙一,2020,「バーチャル共感が『統治の不安』を克服する」PHP 総研,https://thinktank.php.co.jp/voice/6429/(2021 年 11 月 1 日最終閲覧)

池本大輔,2021,「英国——変化を加速させた新型コロナ危機」植田隆子編『新型コロナ危機と欧州——EU・加盟 10 カ国と英国の対応』文眞堂,286-304 頁

植田隆子編,2021,『新型コロナ危機と欧州——EU・加盟 10 カ国と英国の対応』文眞堂

植田隆子,2021,「新型コロナ危機と EU 統合——試練による統合強化の展開」植田隆子編『新型コロナ危機と欧州——EU・加盟 10 カ国と英国の対応』文眞堂,45-85 頁

大林啓吾,2021,「新型コロナの憲法問題に関する覚書——ロックダウンとワクチンを中心にして」『千葉大学法学論集』第 36 巻第 2 号,59-94 頁

岡部みどり,2021,「コロナ禍と初動期の EU 国境管理——EU 市民権と連帯の行方に焦点を当てて」植田隆子編『新型コロナ危機と欧州——EU・加盟 10 カ国と英国の対応』文眞堂,3-21 頁

金井利之,2021,『コロナ対策禍の国と自治体——災害行政の迷走と閉塞』筑摩書房

1　本章は,科学研究費助成事業(課題番号 21H04386)の成果の一部である。

坂井一成, 2021,「フランス——試練のマクロン体制と EU 連帯の追求」植田隆子編『新型コロナ危機と欧州——EU・加盟 10 カ国と英国の対応』文眞堂, 132-153 頁

森井裕一, 2021,「ドイツ——EU における役割の重要性」植田隆子編『新型コロナ危機と欧州——EU・加盟 10 カ国と英国の対応』文眞堂, 112-131 頁

八十田博人, 2021,「イタリア——状況認識後の対応に注目」植田隆子編『新型コロナ危機と欧州——EU・加盟 10 カ国と英国の対応』文眞堂, 89-111 頁

横田明美, 2022,『コロナ危機と立法・行政——ドイツ感染症予防法の多段改正から』弘文堂

吉武信彦, 2021,「スウェーデン——独自路線と EU 協調とのはざまで」植田隆子編『新型コロナ危機と欧州——EU・加盟 10 カ国と英国の対応』文眞堂, 154-176 頁

AD, "Duizenden mensen demonstreren tegen coronamaatregelen," July 24, 2021, https://www.ad.nl/binnenland/duizenden-mensen-demonstreren-tegen-coronamaatregelen~ac9c6081/?referrer=https%3A%2F%2Fwww.google.com%2F（2021 年 10 月 25 日最終閲覧）

Financial Times, "Dutch resistance stands in way of deal on EU recovery fund," July 9, 2020, https://www.ft.com/content/13c622ad-9b1b-44ca-8054-206841c77a18（2021 年 10 月 25 日最終閲覧）

Greer, Scott et al. ed., 2021, *Coronavirus Politics: The Comparative Politics and Policy of COVID-19*, University of Michigan Press

The Guardian, "EU leaders in bitter clash over Covid-19 recovery package," July 20, 2020, https://www.theguardian.com/world/2020/jul/19/eu-leaders-extra-time-tempers-fray-coronavirus-recovery-summit-angela-merkel-emmanuel-macron（2021 年 10 月 25 日最終閲覧）

Imperial College London, 2020a, *Covid-19 and Behaviours in Sweden*

Imperial College London, 2020b, *Covid-19: Global Behaviours around Face Mask Use*

Imperial College London and YouGov, 2020, *COVID-19: Insights on Face Mask Use Global Review*

NRC, "Een hele zwik aan grondrechten wordt voor ongevaccineerden bij het grofvuil gezet," September 21, 2021, https://www.nrc.nl/nieuws/2021/09/23/een-hele-zwik-aan-grondrechten-wordt-voor-ongevaccineerden-bij-het-grofvuil-gezet-a4059530（2021 年 10 月 25 日最終閲覧）

第4章

APEC のコロナ禍への対応と社会的公正

石戸　光

1　はじめに

　本章では，本書の姉妹編であり，公正社会についての先行研究である水島・米村・小林（2021）を基盤としつつ，コロナ禍と政府間フォーラムである APEC をめぐるグローバルな社会的公正についての検討を行う。筆者は国際経済学（筆者の主専攻）を主軸としながらも，哲学および思想信条面（筆者のいわば副専攻）を織り交ぜながら議論を展開してみたい。本章の構成は次の通りである。第2節においては，APEC の保持してきた「開かれた地域主義」という概念についての紹介と検討を行う。第3節では，APEC のコロナ禍への対応について，事実関係を中心に概観してみたい。続く第4節では，APEC とグローバルな社会的公正について考察を進め，そして「おわりに」では，グローバルな公正社会の実現に向けた APEC およびグローバル社会の役割について展望したい。

2　APEC の「開かれた地域主義」

(1) APEC の「開かれた」と「地域主義」（「2つの焦点」）の可能性

　1989年に設立された国際機関であるアジア太平洋経済協力（Asia Pacific Economic Cooperation: APEC）は，環太平洋諸国・地域の経済発展を見据えて政府間協議を行う場である。米国，中国，日本，オーストラリアなどの主権国家および国家

とはみなされない「地域」が参加している（合計 21 のメンバー数）[1]。そして APEC において最も特徴的な行動指針は，「開かれた地域主義」（open regionalism）というものである。貿易および投資を閉じた空間でブロック経済圏として行うのでなく，いわばレストランのように，どこの国（APEC においてはエコノミー）からの貿易（財・サービスの輸出および輸入）や投資（企業による海外での工場・オフィスの設立）も差別することなく，等しい関税率，できればなるべく低い税率を適用し，一体的な経済圏を創出していこう，という発想となっている。

　社会的な公正を考える上で，哲学・思想的な観点の考察は，世界観・行動倫理を社会の構成員に与えるため，APEC について考える上でも必要不可欠な考察事項である。ここで注目したい視点としては，国家の政治運営に関連させた川瀬（2021）のリベラル・ナショナリズムを提唱する立場である[2]。リベラリズムとナショナリズムといういわば 2 つの政策的焦点を 2 つで 1 つの統治原理として[3]適用する視点であり，それが APEC の持つ主要な行動原則である「開かれた地域主義」，すなわち「開かれた」という原理と「地域主義」という原理の 2 つで 1 つの原理に呼応しているように思われる。

1　具体的には，香港は中国という国家の一部であるが，独立した APEC メンバーであり，また台湾も独立した APEC のメンバーであるが，周知のように中国は台湾を自国の一部とみなしてその国家主権を認めていない。そこで APEC の場においては，「国」（country）という言葉は一切使用せず，代わりに「エコノミー」（economy，経済圏）を使用している。本章でも文脈上可能な限り，「国」に代えて「エコノミー」を使用する。

2　このことの関連で，川瀬（2021: 328）は，「国民国家を，永く強く豊かに維持するには，適切に運営された自由民主制が必要である。そして平等主義的リベラリズムの体制を，公正に実効的に維持するためには，自律的な国民国家が必要である。リベラル・ナショナリズムにとって最も重要なのは，この相補性である。」と述べている。

3　戦前の思想家である内村鑑三は，「真理は円形（焦点が 1 つのみ存在）にあらず，楕円にあり（焦点は 2 つ存在）」という議論を展開している（内村 1970）。自然界において，太陽系の焦点は 2 つあり，地球は太陽を 1 つの焦点とする楕円の軌道をまわっており，そのため安定的といわれる。同氏によると，宇宙全体も楕円形であるという説もあり，人間社会の統治原理も含め，着目すべき焦点を不即不離の 2 つの原理（焦点）に求める点が，川瀬のリベラル・ナショナリズムおよび筆者の着目する APEC の「開かれた地域主義」に類似している。唯物論と唯心論の統合で苦慮してきた西洋哲学の根本問題とも通じる議論である。

(2) 免疫からさぐる公正なグローバル社会のあり方

　ここでコロナ禍を特徴づける用語の1つである「免疫」という言葉に着目し，グローバルな公正社会のあり方に援用してみたい。多田（1993, 2001）は，医学者として免疫の機能について科学的な研究を進めつつ，同時に免疫の持つ哲学的な意味合い[4]，社会を見る際の着目点というものと関連づけた「免疫の意味論」を展開している。同氏の考察によると，

- 免疫は，自己と非自己を区別するための謎に満ちた仕組みである。
- 免疫機能を持つ生命体にとって，自己と非自己の区別は，実はあいまいである。
- 生命とは，実は「システム」を超えた「超システム」（自己言及，自己組織化すなわち自己および自己を取り巻くルールそのものが自己の内外の関係性で変容）の希求がその本質である。
- 社会もまた「超システム」であり，生成過程自体を重視する視点からみると，その公正な維持・安定・成長には未解明の原理を持つと思われるが，少なくとも自己と非自己を取り巻くルールを解決する「免疫」的な働きが不可欠となる。

　周知の通り，コロナ禍においては，新型コロナウイルスが人間にもたらす感染症に対して「免疫」を獲得することで対処すべきという議論が大きく注目された。ここで本章の重要な論点として，「自己」，と「非自己」を区別する免疫という仕組みは，多田の行った社会への議論にも合致し，ちょうど主権国家（APEC では国家とせず「エコノミー」であるが）の内部と外部を区別する政策運営のあり方と重なっているように思われる。APEC（アジア太平洋経済協力）の「開かれた地域主義」は，前述の通り「開かれた」（域外，すなわち非自己を重視）と「地域主義」（域内，すなわち自己も重視）2つの焦点（価値）を持つスローガンとなっているが，この2つの焦点を巡って，APEC の加盟メンバー間の関係は揺れ動いてき

4　免疫については，哲学者デリダほかの哲学者も研究対象とした。例えば彼は著書『ならず者たち』（デリダ 2009）の中で「自己免疫（auto-immunité）」という概念を導入し，民主主義が，「民主主義にとってよいことのために」，民主主義の理念そのものを破壊してしまうことを指摘している。しかしデリダは，やはり「自己免疫」という概念により，その状況を乗り越えるための哲学的考察を続けた。

た。そしてコロナ禍において，米中の同居するAPECは，両国それぞれの「一国主義」も加わり，二国間のせめぎあいの中で，その価値観（開かれた地域主義）と実際的機能の実効性が問われている。

(3) 地域主義（自己）と域外（非自己）に開かれたアジア太平洋経済協力

APECは地域統合を生み出す母体，すなわち，ふ卵器（incubator）という役割を担っている。具体的には，APECは環太平洋パートナーシップ協定（Trans-Pacific Partnership Agreement: TPP）の交渉を2005年に生み出した（交渉参加メンバーはAPECのメンバーのうち12のエコノミー）。現在は米国が参加していないものの，2021年9月には，TPP交渉から離脱した米国を除き，日本を含めたそれ以外の11のTPP交渉参加メンバーによる「環太平洋パートナーシップに関する包括的及び先進的な協定（Comprehensive and Progressive Agreement for Trans-Pacific Partnership: CPTPP）」（2020年に発効）に中国および台湾（APECにおいてはチャイニーズタイペイと呼称するが）がほぼ同時期に参加申請を行い，地域統合を巡る世界的な動向の注目点の1つとなっている。

自己（APEC参加メンバー）と非自己（非メンバー）に開かれた形で地域統合を推進することは，具体的には輸入に対する関税を域内と域外で差別せずになるべく低い水準で適用すること（すなわち，「最恵国待遇」による関税措置）を意味するが，この点も大きな「暗黙の争点」となっており，APECの主要メンバーである米国は，自身にとっての貿易上の利益を優先するため，「APECでは自由貿易協定（すなわち域内にのみ低い関税率を適用）の推進が主軸」と解釈する現状となっている。

3　APECのコロナ禍への対応

(1) APECの貿易担当大臣会合および首脳会合とコロナ禍への対応

2021年におけるAPEC会合は，ニュージーランドが議長エコノミーとして，全体テーマ「共に参加し，共に取り組み，共に成長する」（英語ではJoin, Work, Grow. Together. そしてニュージーランドの先住民とされるマオリの人々の言葉ではHaumi ē, Hui ē, Tāiki ē.）を掲げ，社会的な公正として，「共に」というキーワードを主軸とし

た。

　2021 年 7 月には，非公式首脳会議がオンライン形式で開かれ，新型コロナウイルスの世界的流行に対応するため，ワクチンの供給・製造の拡大に取り組むとの首脳による共同声明を発出した。またコロナ禍によりダメージを受けた経済の立て直しに向けて議論が首脳間でなされ，ワクチン接種を協力して進めていくことも声明に盛り込まれた。さらに共同声明では，将来的な公衆衛生上の危機に備えるために「相互に合意した条件で」ワクチン製造技術の自発的な移転を奨励するとしたほか，「感染拡大を抑制するための取り組みを損なうことなく」，国境を超えた渡航を安全に再開するための道筋を開くべきと強調した。続けて共同声明では「パンデミックは，域内の住民や経済に壊滅的な影響を与え続けている。安全かつ有効で，品質が保証された手頃な価格のコロナワクチンへの公平なアクセスを加速させることによってのみ，この公衆衛生の緊急事態を克服できる」とした。

　この会議には菅義偉首相（当時）やバイデン米大統領，ロシアのプーチン大統領らが出席したほか，中国の習近平国家主席も（ライブでの参加に代えて）ビデオ演説を行い，「APEC に資金を寄付し，コロナ対策と経済復興のための基金を設立する」と表明した。APEC の議長エコノミーであるニュージーランドのアーダーン首相は会議後，「今回の議論ではワクチン・ナショナリズムから脱却し，ワクチンの製造，共有，使用など世界的なワクチン展開につながるあらゆる側面に焦点を当てた」と表明。今般のパンデミックで終わりとは言えず，将来への備えが重要であるという点で一致したと述べている。

　またバイデン大統領は「次のパンデミックに備え，世界的な公衆衛生の安全性向上に向け投資すべき」と主張し，多国間協力の重要性や自由で開かれたインド太平洋へのコミットメントを強調した。ロシアのプーチン大統領は，ワクチンの製造や配布を巡る世界的な障壁を取り除く必要があると指摘した。

(2)　主権の対立と社会的公正

　米国と中国（共に APEC メンバー）の対立は現実には解消されておらず，むしろ二国間の対立の状況は日々のメディアにおける両国間の貿易・安全保障面のせ

めぎ合いのニュースを見るにつけ，主権の対立が APEC の提唱する「開かれた地域主義」の状況からは程遠いことを思わせる。コロナ禍において，APEC では「自発的」なワクチン製造技術の自発的な移転（国内外，域内外といった区別をせずに）を奨励しているものの，米中の共同によるワクチン開発は現時点で想定することができない。

　しかし米中という世界の主要国（あるいは主要エコノミー）がともに参加する APEC における「開かれた地域主義」は，両者のぶつかり合いをある程度緩和しているようにも思われる。米中のみでは会合を持たない局面であっても，APEC の会合においては両者が出席し，協力に向けた意見交換を確かに行っているのである。

　上述の通り，自己と非自己というのは，極めてあいまいであるということを多田は免疫の研究から指摘しており，米中という二大大国の主権を賭けたグローバルな対立においても，例えば中国系の米国人が米国政府の重要なポジションを占めるケースがごく普通のこととなっている点などは，社会における自己と非自己の区別のあいまいさを示しているように思われる。

　APEC の「開かれた地域主義」という社会的公正の価値観は，米中対立という現実によって大きく揺らいでいる。しかしそれでいて，APEC にはやはり独自の存在意義があると思われる。そこで APEC の持つ価値観について，次節の冒頭で改めて検討してみたい。

4　APEC とグローバルな社会的公正

(1) 2 つの焦点としての「開かれた主義」

　過去，数年間，首脳宣言がまとめられなかったり，それがまさにアメリカや中国など大国の思惑の違いもありながら，APEC の会合は毎年曲がりなりにも開催され，「開かれた地域主義」と言っていると。コロナにおいても，自発的なワクチン開発をやっていこうではないかと。まさに，自発的にしてその上で外にも開かれて，輸出なども可能であればしていこう，ということである。

　コロナ禍にあった 2021 年の APEC は，上述のとおりニュージーランドを議

図4-1　APECにおける2つの焦点と現実の軌跡（楕円軌道で表現）

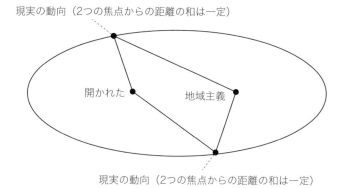

出所：筆者作成。

長エコノミーとして開催し，「開かれた地域主義」を体現する政策努力がなされた。APEC でも，こういった政策的な内容があり，ワクチンということを，なるべく自発的にサプライチェーンにおいても供給をしていこうとか，そうした内容が書いてある。大臣会合においても，ワクチンのサプライチェーンといったことが言われている。

　APEC における 2 つの行動規範（「開かれた」と「地域主義」）を図式的に表現したものが図 4-1 である。社会の統治原理と厳密な対応関係をなすものではないが，グローバル社会の統治が安定的になされる様子を表現している。一般に，2 つの点（焦点）からの距離の和が一定の点の集まりは，楕円になることが数学的には知られている。現実の状況が完全にこれら 2 つの焦点に一致することはあり得ないが，両者からの距離の和がもし一定である場合，現実の状況はある程度安定的となる。「開かれた」と「地域主義」という 2 つの行動原理（共同体としての「焦点」）からの乖離が一定であるような形で現実の運営がなされ，同時に「超システム」（前述の多田による表現）としてメンバーの行動（運動）そのものが新たな価値を生み出す「超システム」として機能することを期待するのが APEC であるともいえる。自己と非自己はあいまいである，という言明もまた，新たに

創出する価値観であるともいえ，グローバル社会の統治原理についても，同種の「価値観の創出」がなされること自体が，社会的公正の少なくとも一部として期待されるのである。「真理は楕円形」という言明（上述の内村による）は，共同体の社会的公正を現実的に考えた場合の共同体存立にとっての安定化策にもなりうるのではないか（単一の焦点では，その共同体が容易に不安定化し瓦解してしまうのではないか），APEC という共同体の価値観（開かれた地域主義）もこのような観点から見ることができないであろうか。

(2) 東京オリンピック・パラリンピック，WTO，EU と社会的公正

APEC 以外のグローバルな主体と社会的公正についても，たいへん手短かになるが，若干触れておきたい。コロナ禍の状況で 2021 年に開催された東京オリンピック・パラリンピックでは，「共生社会」（自己と非自己の平和的共存）の重要性が価値観として提起されているが，一方でスポーツの祭典としての競争は不可欠な要素である。すなわち，競争と共生という 2 つの価値観により，オリンピック・パラリンピックは運営されていくことが明示されている。

また APEC の会合においても絶えず言及される世界貿易機関（WTO）は，その設立の趣旨（ブロック経済による対立の回避）に則り，「自由」「無差別」の 2 つを行動原理としており，両者はある意味で対立することもあるが（たとえば無差別原理からは，自由競争による強者と敗者の存在が否定されうる），これらの組み合わせにより，地球大の貿易システムはなんとか安定性を保っている。コロナ禍を受け，WTO を基軸としたグローバルな貿易のルールが引き続き「自由」（競争を含む）を堅持しつつも，保健及び経済危機からの回復を支援し得るという意味での「無差別」原理を持っていることは再確認する必要があろう。

また APEC が理念としてモデルにしたといわれる欧州連合（European Union: EU）の持つ社会的公正概念も，ここでの詳細な考察はできないものの，やはり単一のものではなく，複合的な価値観から構成されているのではないか，と推察される。メルケル（2018: 71-72）は，ドイツ首相として長らく活躍した政治家による論稿であるが，同氏は EU の運営に大きな影響を与え続けているキリスト教思想への造詣が深く，旧約聖書における「正義」とは，原語（ヘブライ語で「ツェ

ダカ」）では「共同体への忠誠」を意味すると指摘した上で, EU という共同体の行動原則である「補完性原理」, すなわち意思決定は可能な限り市民に近いレベルで行われるべきで, 地域レベルや加盟国の行動では目的が十分には達成できない場合に限り EU として行動をとる, という「複合的」な統治原則も, 正義と大きく関連している点を指摘している。政治経済的な事象がメディアを賑わす EU という地域統合においても, 哲学・思想面の考察は重要であり, また価値観は「複合的にして 1 つ」であることが窺い知れる。

　グローバル社会を経済の面から考えても, 人的資源, 天然資源, 土地など広い意味での「資源」には限界があるため, 例えばワクチンの公正な分配や経済対策においては, 国家など一定範囲の「コミュニティー」（「国家」もしくは「エコノミー」）で仕切ることが必要なことは理解できる。しかし社会的な「免疫」は, 自己（国家内）と非自己（国家外）の接合面として他国（他者）を排除しない形によって, 少なくとも理念の上では「開かれた」形でグローバル社会の安定化がはかられることが望ましく, またワクチンの実際の開発には競争的な要素も当然必要であるため,「開かれた」形での「競争」が社会的公正として実現されるべきであろう。

5　おわりに

　グローバル社会においては, 国家主権を超えた超国家的な組織が存在しないため, 各国に強制的な形で指示を与えることには本来的な限界がある。そのような状況では, 超国家的な権力を用いた社会的公正の実現ということは不可能で, 強制とは別の原理が必要となる。そのような別の原理の 1 つのあり方として, 本章では APEC の「開かれた地域主義」の概念につき紹介し, グローバル社会の統治原理は単一というよりも複合的（2 つの焦点）が望ましいのではないか, と提起した。

　強制によるグローバル社会の統治ができない場合, 公正の実現には, ある種の「促し」が必要である。ノーベル経済学賞を受賞したリチャード・セイラーの貢献である「ナッジ」（nudge,「肘でつつく」）, すなわち強制ではなく肘でつつ

いて「促す」形が，今後のグローバルな公正社会の実現に向けた方策の根本原理として必要と思われる。同氏は，「自由放任主義」（リバタリアニズム）でも，政府による「押しつけ主義」（パターナリズム）でもなく，それらの中間に位置付けられる「リバタリアン・パターナリズム」が望ましいとしている（セイラー／サンスティーン 2009: 10）。政府間協議を「ファーストトラック」（first-track）と呼ぶ場合があり，それに対して民間レベルの交流を「セカンドトラック」（second-track）と呼ぶことがある。

　これら 2 つのトラックのうち，ファーストトラックでは，政府間において「要求」（request）と「禁止」（ban）を多用するハードな交渉が常である。一方で，民間（セカンドトラック）では，「利益」をめぐる駆け引きが常である。例えば米中などがワクチン・治療薬を共同開発すれば，短期間かつ低コストの開発が可能となるかもしれないが，そこには利益配分および国家間対立の関係で多大な時間と交渉コストが予想される。APEC がそのような状況に「ナッジ」をソフトな形で行い，米中が行動を変えた場合の何らかの利益すなわち「平和の配当」を提示することが肝要と思われる。APEC はファーストトラック（政府間協議）の場であり，同時に地域統合のふ卵器の役割を持つ組織であるため，「開かれた地域主義」という独自の公正概念を実現し，参加するエコノミー間の摩擦を回避するためのナッジをしていくべきであろう。

　本書の姉妹編における筆者の論稿（石戸 2021: 268）では，グローバルな社会的公正として，多様性，複雑性，人情性への配慮が不可欠であると指摘したが，やはりコロナ禍においても，「多様」なアジア太平洋地域における経済協力は，「複雑」な様相を呈しながらも，短期的な損得勘定を過度に重視せずにワクチン・治療薬の共同開発や，経済回復に向けた貿易面の「サプライチェーン」の強化などの面で，自己と非自己，すなわち共同体（APEC，個別の国家（エコノミー））の内外を過度に区別しない「人情」（人道面）が強調されてしかるべきである。また筆者を含めた研究者や民間企業によるセカンドトラック（second-track）での公正を重視した活動がファーストトラックへの影響を与えうると思われ，APEC の「開かれた地域主義」をめぐる動向を引き続き注視していきたい。

参考文献

石戸光，2021，「地域統合と社会的公正の新時代——主権国家の特質と APEC の可能性」水島治郎・米村千代・小林正弥編『公正社会のビジョン——学際的アプローチによる理論・思想・現状分析』明石書店，250-269 頁

内村鑑三，1970，『聖書之研究 復刻版』聖書之研究復刻版刊行会

川瀬貴之，2021，『リベラル・ナショナリズムの理論』法律文化社

セイラー，リチャード／キャス・サンスティーン，2009，遠藤真美訳『実践行動経済学——健康，富，幸福への聡明な選択』日経 BP

多田富雄，1993，『免疫の意味論』青土社

多田富雄，2001，『免疫・「自己」と「非自己」の科学』NHK 出版

デリダ，ジャック，2009，鵜飼哲・高橋哲哉訳『ならず者たち』みすず書房

水島治郎・米村千代・小林正弥編，2021，『公正社会のビジョン——学際的アプローチによる理論・思想・現状分析』明石書店

メルケル，アンゲラ，2018，松永美穂訳『わたしの信仰——キリスト者として行動する』新教出版社

第5章

コロナ禍における幸福度と公正
——ポジティブ政治心理学からの考察——

小林　正弥

1　ポジティブ政治心理学

　筆者は最近，政治哲学・公共哲学とポジティブ心理学を架橋する試みを行っている。ポジティブ心理学は，ポジティブな心理の研究を中心にする経験的・科学的心理学であり，それを基礎に政治的領域に関して「ポジティブ政治心理学」という経験的な政治心理学を展開しつつある。本章ではこの観点から，「コロナ禍における幸福度と公正」について述べてみたい。

　ちょうどこの2年間（2020年〜2021年）にかけて，筆者が行った3回の経験的調査で幸福度（ウェルビーイング）を調べており，コロナ禍なのでその影響も測定した。その結果を簡単に紹介しよう。なお幸福には多義的な意味があるので，科学的研究においてはウェルビーイングという概念を使うことが多い。

　ポジティブ心理学の創始者マーティン・セリグマンは，2011年の著作『フローリッシュ（栄福）』でウェルビーイング理論を提起し，標準的な理論の一つになっている。ポジティブ感情（P: positive emotion），没入（E: engagement），人間関係（R: relationship），意味（M: meaning），達成（A: accomplishment）という5つの次元で人間のウェルビーイングを計測するという PERMA モデルである。

2　コロナ禍によるウェルビーイングの低下

　第1に，2020年5月に筆者が協力して三菱総研が行った調査1から分析しよう。これは5000人の調査（**表5-1**）で，コロナ問題が深刻になった初期の段階で行ったので，個々人の感じている主観的なウェルビーイングの変化を調べた。

　そこでは，コロナ前の状況と比較して，今の状況について回答してもらった。PERMAプロフィール票という質問票を基礎にして，先述の5次元の代表的な質問項目一つを中心にしつつ，その他に，ネガティブ感情（Ｎe）・孤独（L）・幸福（Ha）・満足（S）・健康（He）などについても調べた。**図5-1**の右側のグラフを見てみれば，コロナ以前（BEFORE）と以後（AFTER）で，ことごとく「以後」の方がウェルビーイングは落ちていることが分かる。長方形の線で囲んだネガティブ感情や孤独では，値が増えているということは，やはり心理的に悪化しているということを表している。

　第2・3回目の調査2・3は，2021年の3月と2021年の10月末に，本公正研究プロジェクトの研究の一環として行った調査で，2000年の調査との継続性があるように共通の質問を調査項目の中に組み込んだ。これらはそれぞれ6885人・2658人が対象である（**表5-2・表5-3**）。調査1と比較して，これらの時点でウェルビーイングなどがどのように変化したかを調べたのである。まず**図5-2**の濃淡3種類の棒グラフは，PERMAプロフィール票（それぞれについて3項目で調査）について，さきほどの調査1と，公正研究調査（調査2・3）における結果を示している。これを見てみると，調査1と調査2とでは平均や一般的WB（WBの全体的指標）には大きな差はないが微減しており，ポジティブ感情と没入は微増しているものの，他の「人間関係・意味・達成・健康」は減少していることが分かる。

　調査2は，コロナ下の状況そのものを聞いているわけではなく，一般的にウェルビーイングを尋ねているので，前年と比べて一般的な変化が少ないことは理解できる。それでも，やや下がっているわけである。**図5-1**の調査1におけるコロナ禍中の心理（after）を聞いた結果を照合すると，それ（**図5-1**における■）が

表5-1　調査1・属性

	人数	割合（%）
調査人数	5000	
政令指定都市を含む（16）	3780	75.6
政令指定都市を除く（32）	1220	24.4
性別		
男性	2500	50.0
女性	2500	50.0
年代		
10代	834	16.6
20代	834	16.6
30代	833	16.6
40代	833	16.6
50代	833	16.6
60代	833	16.6
70代以上		
既婚・未婚		
既婚	2294	45.9
未婚	2469	49.4
離別・死別	237	4.7
職業		
会社役員，団体役員	46	0.9
会社員，団体職員	1513	30.3
嘱託・契約社員，派遣社員	248	5.00
パート・アルバイト，雇用契約の無い在宅就労・内職	586	11.7
公務員	153	3.1
自営業，家族従業員，自由業	302	6.0
学生	837	16.7
専業主婦・主夫	718	14.4
年金生活者	151	3.0
無職	393	7.9
その他	53	1.1
学歴		
高校に在学中	373	7.5
専門学校・専修学校に在学中	80	1.6
短大・高等専門学校に在学中	49	1
予備校に在学中	15	0.3
4年制大学に在学中	381	7.6
大学院修士・博士課程に在学中	25	0.5
中学校卒・旧制小学卒	73	1.5
高校卒・旧制中学卒	1069	21.4
専門学校・専修学校卒	389	7.8
短大・高等専門学校卒	418	8.4
4年制大学卒	1912	38.2
修士・博士課程修了，単位取得退学	216	4.3

出所：筆者作成。

図5-1　コロナ前後の主観的WB変化

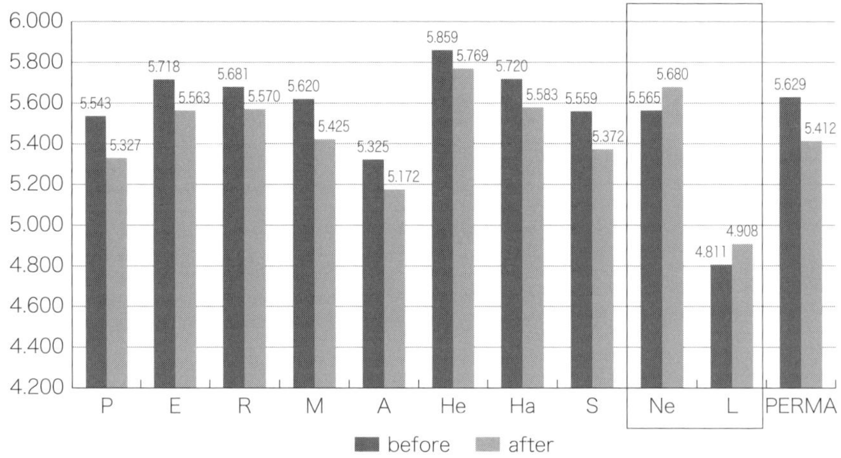

注：2020 年 5 月，調査 1，N5000。分析には SPSS ver.27 ないし 28 を用いた（以下同じ）。
出所：筆者作成。

この 3 つの中でもっとも低い。つまり，コロナ問題が人びとの WB をはじめ心理的状況を悪化させたことが確認できる。

　さらに調査 3 における一番右の棒線を見ると，PERMA 平均値や一般的 WB，さらに各項目において全て減少しており，その減少の度合いは「調査 1 →調査 2」よりかなり大きい。つまり，WB の減少傾向は続いており，しかも長期化に伴って大きくなっているわけである。この傾向は，**図 5-3** でさらに確認できる。調査 2 と調査 3 には，同一の回答者がかなり含まれているので，その人たち（N 1738）に限定して WB を比較した結果が**図 5-3** であり，まったく同じ傾向が現れている。

　次のグラフは，アイザック・プリレルテンスキー（マイアミ大学）の考案した I COPPE という指標を中心に調べた結果であり，3 回の調査の全てで調べた。これは，様々な領域における多次元的 WB を調べる質問票である。このグラフ（**図 5-4**）のそれぞれの項目は，全般的ウェルビーイング（OVE: overall），個人間ウェルビーイング（INT: inter-personal），コミュニティ・ウェルビーイング（COM: community），組織的ウェルビーイング（ORG: organizational），身体的ウェルビーイン

表5-2　調査2・属性

	人数	割合（%）
調査人数	6885	
政令指定都市を含む	2435	35.4
政令指定都市を除く	4450	64.6
性別		
男性	4427	64.3
女性	2458	35.7
年代		
10代	37	0.5
20代	460	6.7
30代	1043	15.1
40代	1738	25.1
50代	1750	25.4
60代	1238	18.0
70代以上	619	9.0
既婚・未婚		
既婚	4091	59.4
未婚	2254	32.7
離別	419	6.1
死別	121	1.8
職業		
会社役員，団体役員	124	1.8
会社員，団体職員	2097	30.5
嘱託・契約社員，派遣社員	410	6
パート・アルバイト，雇用契約の無い在宅就労・内職	806	11.7
公務員	257	3.7
自営業，家族従業員，自由業	822	11.9
教職員	123	1.8
学生	96	1.4
専業主婦・主夫	767	11.1
年金生活者	603	8.8
無職	693	10.1
その他	87	1.3
学歴		
高校に在学中	43	0.6
専門学校・専修学校に在学中	84	1.2
短大・高等専門学校に在学中	47	0.7
予備校に在学中	4	0.1
4年制大学に在学中	89	1.3
大学院修士・博士課程に在学中	19	0.3
中学校卒・旧制小学卒	175	2.5
高校卒・旧制中学卒	2164	31.4
専門学校・専修学校卒	644	9.4
短大・高等専門学校卒	598	8.7
4年制大学卒	2669	38.8
修士・博士課程修了，単位取得退学	349	5.1

出所：筆者作成。

表5-3　調査3・属性

	人数	割合
調査人数	2658	
政令指定都市*	1181	44.4
政令指定都市以外	1477	55.6
性別		
男性	1759	66.2
女性	899	33.8
年代		
10代	7	0.3
20代	132	5.0
30代	374	14.1
40代	665	25.0
50代	681	25.6
60代	506	19.0
70代以上	293	11.0
既婚・未婚		
既婚	1505	56.6
未婚	923	34.7
離別	181	6.8
死別	49	1.8
職業		
会社役員，団体役員	57	2.1
会社員，団体職員	782	29.4
嘱託・契約社員，派遣社員	172	6.5
パート・アルバイト，雇用契約の無い在宅就労・内職	306	11.5
公務員	73	2.7
自営業，家族従業員，自由業	322	12.1
教職員	42	1.6
学生	28	1.1
専業主婦・主夫	305	11.5
年金生活者	277	10.4
無職	273	10.3
その他	21	0.8
学歴		
高校に在学中	7	0.3
専門学校・専修学校に在学中	28	1.1
短大・高等専門学校に在学中	9	0.3
予備校に在学中	0	0
4年制大学に在学中	39	1.5
大学院修士・博士課程に在学中	3	0.1
中学校卒・旧制小学卒	54	2.0
高校卒・旧制中学卒	724	27.2
専門学校・専修学校卒	264	9.9
短大・高等専門学校卒	231	8.7
4年制大学卒	1152	43.3
修士・博士課程修了，単位取得退学	147	5.5

注：本調査における政令指定都市は，札幌市，仙台市，さいたま市，横浜市，特別区，新潟市，名古屋市，大阪市，広島市，北九州市について調べた。
出所：筆者作成。

66

図5-2　3回の調査の比較（PERMA指標）

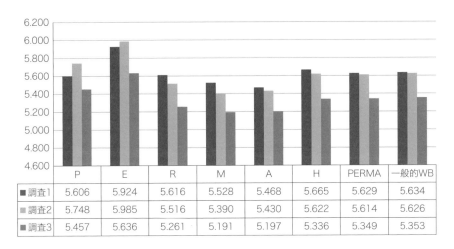

	P	E	R	M	A	H	PERMA	一般的WB
■ 調査1	5.606	5.924	5.616	5.528	5.468	5.665	5.629	5.634
■ 調査2	5.748	5.985	5.516	5.390	5.430	5.622	5.614	5.626
■ 調査3	5.457	5.636	5.261	5.191	5.197	5.336	5.349	5.353

注：2020 年 5 月，調査 1，N5000。
出所：筆者作成。

図5-3　調査2・3の同一回答者（N1738）における平均値の比較（PERMA指標）

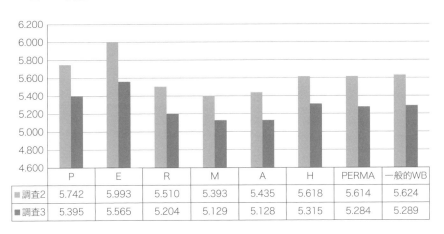

	P	E	R	M	A	H	PERMA	一般的WB
■ 調査2	5.742	5.993	5.510	5.393	5.435	5.618	5.614	5.624
■ 調査3	5.395	5.565	5.204	5.129	5.128	5.315	5.284	5.289

出所：筆者作成。

図5-4　3調査における多次元的WBの比較（I COPPE指標）

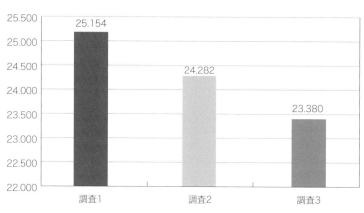

	OVE	INT	COM	ORG	PHY	PSY	ECO	POL	ICP_8
■ 調査1	5.624	5.707	5.377	5.434	5.606	5.631	5.450	5.156	5.547
調査2	5.535	5.638	5.243	5.293	5.466	5.566	5.289	5.140	5.396
■ 調査3	5.223	5.431	5.120	5.085	5.230	5.349	5.046	4.965	5.181

出所：筆者作成。

図5-5　3調査における主観的WBの比較（SWLS指標）

出所：筆者作成。

グ（PHY: physical），心理的ウェルビーイング（PSY: psychological），経済的ウェルビーイング（ECO: economic）を表している。政治的ウェルビーイング（POL: political）は，前述したポジティブ政治心理学の観点から筆者が新たに加えた項目である。この全ての平均値を「ICP_8」で示している。ここにおいては，全ての項目にお

図5-6　3調査におけるヘドニア・エウダイモニア志向の比較

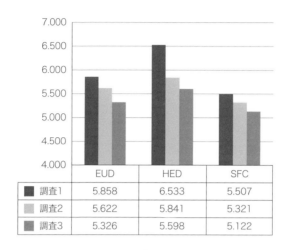

	EUD	HED	SFC
■ 調査1	5.858	6.533	5.507
■ 調査2	5.622	5.841	5.321
■ 調査3	5.326	5.598	5.122

出所：筆者作成。

いて，調査2（■）の方が調査1（■）より低く，さらに調査3（■）の方が調査2より低くなっている。この3回の調査の母集団は別だが，同じ質問と同じ回答様式の結果なので，やはりこの期間に人びとのウェルビーイングが全般的に落ちていると解釈できる。

　そして，**図 5-5** のグラフは，エド・ディーナーの開発した人生満足尺度という主観的 WB の調査結果である。これは，幸福研究やポジティブ心理学で最も広範に使われている質問票である。やはり，この棒グラフを見ると，調査1・2・3と順に同じくらい値が明確に下降している。この期間に WB は確実かつ継続的に下落しているわけである。

　次のグラフ（**図 5-6**）では，ポジティブ心理学の質問票（ヴェロニカ・フタの HEMA-RX）を用いて，エウダイモニア的ウェルビーイング（善なる幸福：EUD）・ヘドニア的ウェルビーイグ（快楽的幸福：HED）に関する志向を調べた結果が図示されている。ヘドニア的ウェルビーイングは快楽的な幸福感を表す。エウダイモニア的ウェルビーイングは，エウダイモニアというアリストテレスの幸福概念に由来し，真正性・卓越性・成長・意味などを中心にして，倫理的観点の加

図5-7　3調査におけるその他の指標の比較

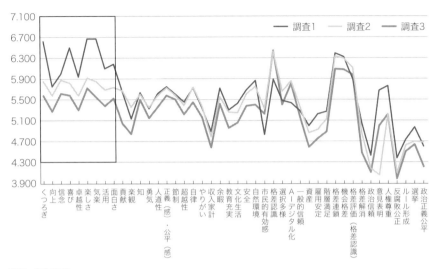

出所：筆者作成。

わった中長期的な幸福を測定する指標である。この双方において，全ての項目
で調査1・2・3と順に値が下落している。満足（SFC）についても同じ結果だっ
た。

　次のグラフ（**図5-7**）は，他の様々な調査項目の結果である。これらの調査で
は，社会ないしコミュニティ・経済・文化・政治などの様々な側面について調
べており，この右側の方はその結果を表している。一番左側は，エウダイモニ
ア的ウェルビーイングとヘドニア的ウェルビーイングに関する志向を調べた結
果で，長方形で囲んでいる。この部分は，明確に調査1・2・3と順に下落して
いることがわかる。その他の項目は重なりが大きくこれだけではわかりにくい。
しかし，調査2・3における同一回答者に限定して比較すると，**図5-8**のように，
多くの項目で値が低下しており，上昇した項目はない。この中で格差関連の項
目（格差認識・格差連鎖・機会格差・格差評価など）は，値の下落は格差の縮小を表す
ので状況の悪化とは必ずしも言えないが，その他の項目では状況の悪化が現れ
ているのである。

図5-8　調査2・3における同一回答者の平均値比較（その他の指標）

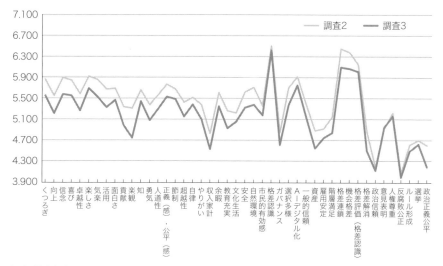

出所：筆者作成。

　従って，このようにウェルビーイングや関連する多様な指標を見ると，明確にこの２年間における変化が表れており，ほとんど全ての項目においてウェルビーイングをはじめ心理的状態が継続的に悪化しているということが分かる。同時に，社会ないしコミュニティ・経済・文化・政治の項目の多くにも悪化が現れているのである。

　これらから，やはり，コロナ禍は，人々の幸福感をはじめとするウェルビーイングや社会に否定的な影響を及ぼしていると結論できる。

3　心身のウェルビーイングと価値観の変化における二極化

　調査１では，コロナ問題の影響を計測するための項目をなるべく入れたが，調査２は公正や正義を中心に調べたので，コロナ関連の項目は減っている。調査３では，調査１ほどではないものの，コロナ関連の項目を入れたので，調査１・３についての分析結果を説明しよう。

図5-9　コロナ前後の比較（調査1）

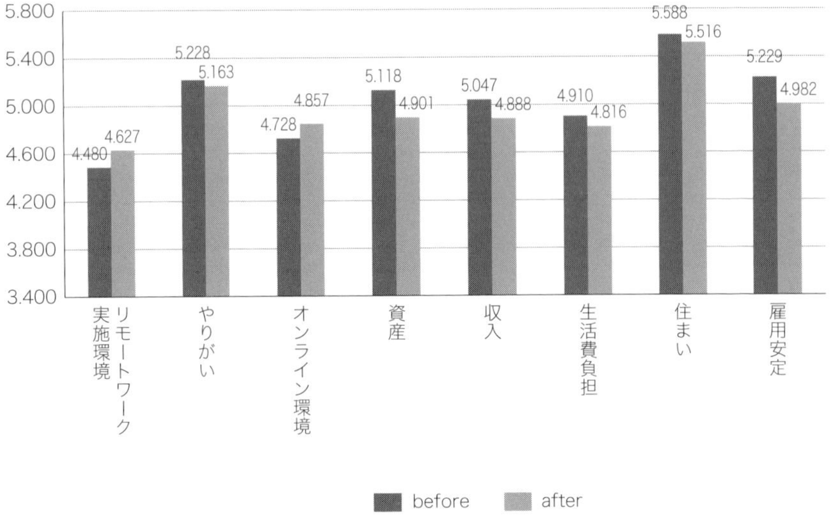

出所：筆者作成。

　図5-9は，調査1において，コロナ前と調査時点の状況を聞いた結果をまとめたものである。先ほど述べたようにウェルビーイングには差がある（図5-1）が，その他の項目でも，やりがい，資産，収入，生活費負担，住まい，雇用安定といった経済的な側面や生活に関わる側面で，コロナ後の方が個人の主観的な知覚において値が下落している。リモートワーク実施環境とオンライン環境だけが上昇しており，理由は明確である。個々の項目の前後差は量的にはそれほど多くはないが，違いがある。

　また，コロナ後の与党の支持もわずかに減っている（図5-10）。なお，調査2以降は質問形式が違うので単純な比較はできないが，調査2と調査3ではやはり下落が見られる。

　次のグラフ（図5-11）は，調査1で，生活ないし人生の満足・希望・幸福・不安を調べたものである。一般的には，生活の満足や生活の希望では，ポジティブな人がネガティブな人より多く，この調査でも同じ傾向が現れている（長方形の囲み）が，生活不安では明確にネガティブな方向が多く（長方形の囲み），これ

図5-10　与党支持

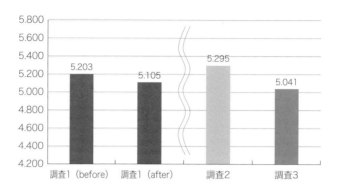

図5-11　調査1における生活満足・希望・幸福・不安

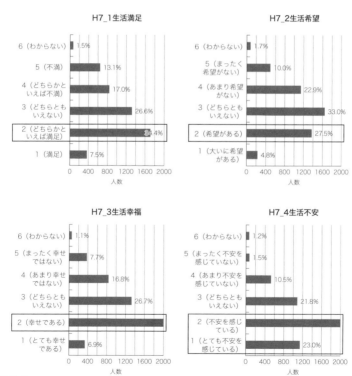

出所：筆者作成。

図5-12　調査3における生活満足・希望の変化

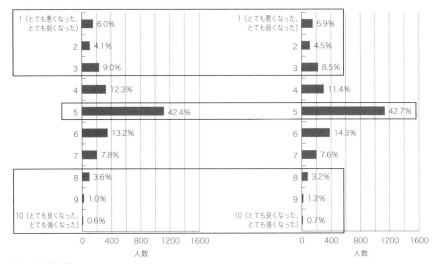

出所：筆者作成。

はコロナ問題の表れと考えることができるだろう。

　調査3では，生活の満足と生活の希望について，今度は変化を尋ねた（**図5-12**）。わずかに悪くなった人（尺度5，長方形の囲み）が4割を越えており，全体として良い方向より悪い方向への変化の方が多い。**図5-11**と照合すれば，満足・希望では一般的にはポジティブな人の方が多いが，変化においてはネガティブな方向への変化の方が多いわけである。しかも満足・希望ともに，良くなった人の極（尺度8〜10）よりも，悪くなった人の極（尺度1〜3）の方が顕著に多い（長方形の囲み）。ここからも悪化の傾向が看取できる。

　「では何について不安なのか」を調査1で調べた結果が**図5-13**である。当然，新型コロナウイルスなどの感染症の不安があり，濃い線の長方形で囲んである。ただそれを上回って，生活資金や病気になる不安があることがわかる。その他の，長方形で囲ってある部分は，一般にあり得る不安だが，やはりコロナ禍に影響を受けて不安が増えていると思われる。つまり，新型コロナウイルスは，感染

図5-13　不安の内容（調査1）

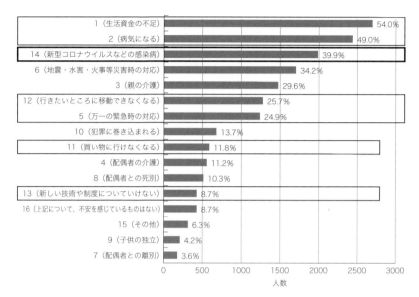

注：複数回答可。
出所：筆者作成。

症の不安だけではなくて，様々な生活における不安も増幅させていて，その結果として一般的に不安が増えていると思われる。

　そこで精神状態の変化を3つの調査において尋ねた結果が**図5-14**である。調査1と調査2では「暗い気持ち，不安，気が滅入る」という点で精神的に悪化している人がやはり多かった。2020年5月（調査1）に比べて2021年3月（調査2）にはこれらがさらに増えているのである。

　ここまでの分析結果は，主として，コロナ禍の結果，WBをはじめ心理的に悪化した人が多かったということである。これは，調査前の想像通りである。ところが，筆者の調査前の想像と違う結果もあった。精神状態の変化（**図5-14**）では，調査1・2において，「いつもより暗い気持ちにあることが多かった」という人の方がもちろん多いものの，「いつもより明るい気持ちになることが多かった」という人も3〜4％と少数ながらいた。しかも，その比率は2020年より

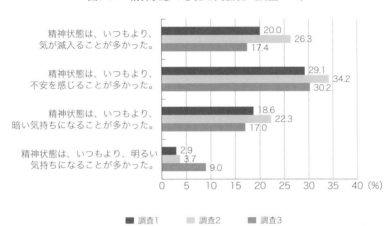

図5-14　精神状態の悪化と両極化（調査1〜3）

精神状態は、いつもより、
気が滅入ることが多かった。
20.0　26.3　17.4

精神状態は、いつもより、
不安を感じることが多かった。
29.1　34.2　30.2

精神状態は、いつもより、
暗い気持ちになることが多かった。
18.6　22.3　17.0

精神状態は、いつもより、明るい
気持ちになることが多かった。
2.9　3.7　9.0

0　5　10　15　20　25　30　35　40 (%)

■ 調査1　　■ 調査2　　■ 調査3

出所：筆者作成。

2021年に増えていた。つまり，ネガティブな方向の変化は想像通りだが，逆に心理的により良い方向に変化した人も一部ながらいた。その点で，両極分解が起こっているわけである。しかも，この傾向は調査2によって，2年目に，より明確な結果が出たのである。これは意外な結果だった。

　さらに調査3においては，「暗い気持ち，不安，気が滅入る」は調査2よりも減って改善しており，「暗い気持ち，気が滅入る」は調査1よりすら改善していた。前述のようにWBはこの調査でも低下しているのだが，この時点では2021年8月の第5波のピークが過ぎて感染者数が急減していたので，気持ちは好転したのかもしれない。「明るい気持ち」は9％へと大きく上昇している。

　次に調査1・3で，身体・精神・就業状況・収入の変化を聞いた結果が**図5-15**である（それぞれの調査の回答尺度が違うので調整してある）。いずれにおいても「変化はあまりない」が多いが，それ以外では，やはり「やや悪くなった」という人が1〜2割と多かった。特に精神的変化と収入の変化では「やや悪くなった」という人が他の2つよりも多い（上の長方形の囲み）。またこの全てにおいて「とても悪くなった」という悪化は，調査3では調査1に比べて2〜4倍に増えている。他方で調査1と3の双方で精神的に「いつもよりやや・とても良くなっ

図5-15　身体・精神・就業状況・収入の変化（調査1・3）

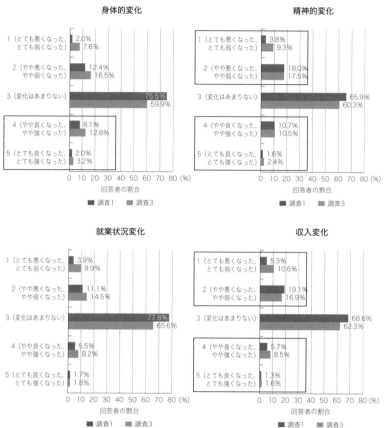

出所：筆者作成。

た」という人も 12 〜 13％いた（下の長方形の囲み）。つまり，ネガティブな方向の変化は想像通りだが，逆に心理的により良い方向に変化した人も 1 割強いた。その点で，ここでも両極分解が起こっているわけである。しかも，この傾向は，身体的変化や就業状況変化，収入変化でも似たような結果が出ていて，調査 3 では身体的変化では改善が 15％くらいになった（長方形の囲み）。

　試しに調査 1 について分析すると，**図 5-14** における明るい気持ちの増加は，**図 5-15** の身体・精神悪化と負の相関があり，**図 5-14** の暗さ・不安・滅入りの

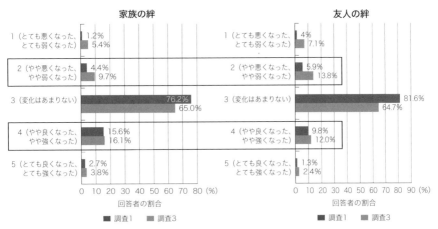

図5-16 家族と友人の絆の変化（調査1・3）

家族の絆

1（とても悪くなった、とても弱くなった） 1.2% / 5.4%
2（やや悪くなった、やや弱くなった） 4.4% / 9.7%
3（変化はあまりない） 76.2% / 65.0%
4（やや良くなった、やや強くなった） 15.6% / 16.1%
5（とても良くなった、とても強くなった） 2.7% / 3.8%

回答者の割合
■ 調査1　■ 調査3

友人の絆

1（とても悪くなった、とても弱くなった） 4% / 7.1%
2（やや悪くなった、やや弱くなった） 5.9% / 13.8%
3（変化はあまりない） 81.6% / 64.7%
4（やや良くなった、やや強くなった） 9.8% / 12.0%
5（とても良くなった、とても強くなった） 1.3% / 2.4%

回答者の割合
■ 調査1　■ 調査3

出所：筆者作成。

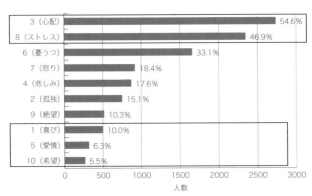

図5-17 コロナ禍下の気分（調査1）

3（心配） 54.6%
8（ストレス） 46.9%
6（憂うつ） 33.1%
7（怒り） 18.4%
4（悲しみ） 17.6%
2（孤独） 15.1%
9（絶望） 10.3%
1（喜び） 10.0%
5（愛情） 6.3%
10（希望） 5.5%

人数

出所：筆者作成。

増加は**図5-15**の全ての項目における悪化と正の相関があった。

　そして，しばしば言及される絆の問題についても調べたところ（**図5-16**），調査1では家族や友人の絆は，「やや良くなった」「やや強くなった」という人（それぞれ約15％・10％）が，悪くなった人（約4％・6％）より，やや多かった（2つの長方形の囲み）。分析すると，この結果は，やはり**図5-14**における暗さ・滅入り

とも関係していて，ここから，人間関係が暗さの増減と関係することが分かる。そして**図5-16**の調査3では，良くなった人も悪くなった人も増加していて，やはり長期化とともに両極化が進行している。特に悪くなった側は，家族・友人の絆ともに，「とても悪くなった」が4〜5倍，「やや悪くなった」が2倍以上に増えていて，友人の絆はいずれも良くなった人びとを上回った。

　次に調査1における気分についての結果（**図5-17**）を見ると，やはりネガティブな気分の人が圧倒的に多く，先ほど述べた心配とストレスが多い（5割前後）ということが分かる（上の長方形の囲み）。逆に，少数ながら，喜び・愛情・希望という気分をコロナ禍において感じたという人がいる（下の長方形の囲み，5〜10%）。分析すると，このポジティブな気分は**図5-14**における「明るさ増」と正の相関がある。逆にネガティブな気分の方は「暗さ・不安・滅入りの増加」と正の相関がある。そして，抑うつやストレスは「明るさ増」と負の相関があり，愛情は「滅入り増」と正の相関があった。

　さらに，「コロナ禍において価値観・世界観がどのように変化したか」を，マズローの欲求階梯論を念頭に調査1・3で調べた（**図5-18**）。グラフの上の方には，収入不安の項目があって，調査1では3割くらいが不安を感じており，分析すると**図5-14**の「暗さ・不安・滅入り増」と相関している（上の長方形の囲み）。調査3ではこれらはやや減少して好転している。

　価値観との関係においては，「自分の考え方や生き方を見直す気持ちになった」と「自分の価値観・世界観が変わった」が，調査1ではそれぞれ約20%・15%であり，調査3ではそれぞれ2〜3%増加している（中の長方形の囲み）。コロナ禍は一部の人びとに生き方や人生観の変化をもたらしているのである。調査1では，生き方などの見直し・価値観変化と**図5-14**の「明るい気持ち・暗い気持ち・不安・滅入りの増加」との関係を調べると，「明るい気持ちの増加」と「暗い気持ち・不安・滅入りの増加」という双方と正の相関をしていた。双方の方向の気持ちの変化が価値観の変化や生き方の見直しに相関していることが明らかになった。これも注目に値するだろう。

　では，「どういう方向に価値観が変化しているか」というと，下の長方形の囲みの部分から読み取ることができる。マズローの欲求の階梯論では，基礎に安

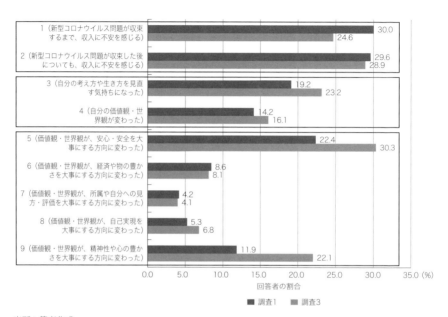

図5-18　価値観などの変化（調査1・3）

出所：筆者作成。

全欲求や生存欲求があり，次に帰属欲求，評価欲求，自己実現欲求，自己超越
欲求がある。ロナルド・イングルハートの「物資主義的価値観／脱物質主義的
価値観」の議論（補論参照）では，安全欲求・生存欲求は経済的ないし物質主義
的価値観に関連する。この価値観が増えた人がやはりいて，安心・安全を大事
にする方向に変わった人は調査1・3で22・30％くらい，経済や物の豊かさを
大事にする方向に変わった人は8～9％くらいである。他面で，脱物質主義的
価値観に相当する自己実現や，精神性・心の豊かさを大事にする方向に変わっ
た人はそれぞれ5・7％，12・22％くらいである。

　よって，価値観の両極が増えている。マズローの欲求階梯論では，基礎と頂
点の安全性・生存欲求と自己超越欲求という両極が増えているわけである。そ
の中の帰属欲求や自己実現欲求も増えた人はいるが，両極ほど顕著ではない。

　おそらくコロナ禍で当然，不安を感じて，安全・安心を求める心理が一方で

は存在する。他面で，他の人との物理的接近が難しくなって普段の快楽的・享楽的生活がしにくくなった反面で，人生を見直して内面的な方向に心を向ける人も一定数いるということが表れていると考えられる。これは極めて興味深い結果である。

　しかも調査1と調査3を比べると，安心・安全を大事にする人が「22%→30%」，精神性・心の豊かさを大事にする人が「12%→22%」と他に比して大きく増加している。つまり，ここでも両極化が進んでいるのである。

4　ウェルビーイングとその変化の要因：システムとの関係

　さて，それでは，「これらのウェルビーイングの変化や精神状況の変化に，どういう要因が関係しているか」ということを，公正との関係を念頭に置いて簡単に分析した。次の表では，調査1で，ネガティブな方向とポジティブな方向のそれぞれの増加が，どのような要因と関係しているかについて，有意な相関があったものを列挙している（表5-4）。

　これらは，ウェルビーイング・経済・政治・社会・コミュニティの項目を示している。それぞれのポジティブな方向が明るさ増と，ネガティブな方向が暗さ・不安・滅入り増と相関している項目が多くある。一部では，ネガティブな方向と暗さ・不安・滅入り増という相関だけがあった（ポジティブな方向と明るさ増との相関はなかった）項目もあるので，それも列挙した。

　同じ方式で，調査2についても調べた結果が表5-5である。調査1の結果とかなりの共通性がある。

　この分析結果を明確にするために，次に，人間システムに関する一般的WB（PERMA指標）の他，政治・経済・コミュニティ・文化というシステムに即して，政治に関する公正・正義や，経済に関する収入，コミュニティに関する一般的信頼，文化における文化的生活の豊かさという要因を抽出し，「明るさ・暗さ・不安・滅入りの変化」との関係を調べるため，3調査についてロジスティック回帰分析（強制投入法）を行った（これらの項目は有無で聞いているため）。

　表5-6・表5-7・表5-8におけるロジスティック回帰分析の結果（B）を見ると，

表5-4　調査1の相関（一般に係数はネガティブな方が高い）

WB，経済，政治，社会・コミュニティ
・ポジティブ増かつネガティブ増：ポジティブ感情（コロナ前・後），孤独，鬱の少なさ，PERMAそれぞれ，満足・幸福，美徳，エウダイモニア，ヘドニア，外在的，生活満足・希望，やりがい（コロナ前・後），生きがい，資産・収入（現在＞コロナ前），生活費負担感（現在≒コロナ前），報酬十分，住宅環境・雇用安定（現在＞コロナ前），やりたい仕事・再就職可能性・副業意向・フリーランス，階層満足，ワークエンゲージメント，仕事満足，余暇・教育・文化生活充実，安全感，自然環境，市民的有効感，人権尊重，格差連鎖・機会格差拡大，選択多様性，デジタル化（速度・スキル・つながり・加速），レジリエンス，医療環境，運動・食生活，近所付き合い・一般的信頼，親戚や近隣への信頼，奉仕寄付，犯罪・災害・個人情報・コロナ安全，家族良好，近所挨拶，想いの場，頼る人，地域愛着，活躍の場，社会的レジリエンス ・ネガティブ増のみ：ネガティブ感情，ヘドニア，生活不安，生活費負担感（現在＞コロナ前），政治の反腐敗公正，格差認識，経済的格差・格差解消・コロナ格差拡大，国政信頼，政治信頼，友人信頼

注：ポジティブ増は，ポジティブな方向と明るさに正の方向の有意（5％）な相関があることを示し，ネガティブ増は，ネガティブな方向と暗さ・不安・滅入りに正の方向の有意な相関があることを示している。
出所：筆者作成。

表5-5　調査2の相関（一般に係数はネガティブな方が高い）

WB，経済，政治，社会・コミュニティ
・ポジティブ増かつネガティブ増：ポジティブ感情，ネガティブ感情，孤独，鬱の少なさ，P〔E〕RMAそれぞれ，満足・幸福，美徳，外在的，希望・生きがい・働きがい，資産，生活費負担感，報酬十分，住宅環境・雇用安定，やりたい仕事，階層満足，ワークエンゲージメント，仕事満足，余暇・教育・文化生活充実，安全感，自然環境，反腐敗公正，公正正義，市民的有効感，人権尊重，格差解消，選択多様性，国政信頼・政治信頼，レジリエンス，医療環境，衣食住，信頼・交流，友人信頼，一般的信頼，親戚や近隣への信頼，奉仕寄付，近所挨拶，想いの場，社会的レジリエンス ・ネガティブ増：格差認識，〔経済的格差〕，格差連鎖，機会格差

注：同上。〔 〕は10％有意。
出所：筆者作成。

やはりウェルビーイングのもともとの良さ・悪さはこの明暗変化と関係している。同時にどの調査においても，政治と経済が暗転（ネガティブな方向への変化）と負の相関を持っているということが分かった。つまり，政治において公正・正義が少ない状態，あるいは経済において収入が落ちている状態は，暗さ・不安・滅入りの心理の増加に関係している。

　図5-15における精神的変化は調査1と3のみで聞いているので，これらに

表5-6　明暗化の要因：システム論に即したロジスティック回帰分析（調査1）

	明るさ増加	暗さ増加	不安増加	滅入り増加
WB（一般的WB）	**0.167**	**−0.114**		**−0.144**
政治（公正・正義）		**−0.100**	**−0.138**	**−0.168**
経済（収入）	0.086	**−0.076**	**−0.104**	**−0.079**
コミュニティ（一般的信頼）		−0.040		
文化（的生活の豊かさ）	0.109		0.061	

精神的変化の要因：システム論に即した重回帰分析（調査1）

	精神的変化（β）
R2乗	0.031
WB（一般的WB）	**0.086**
政治（公正・正義）	**0.077**
経済（収入）	**0.054**
コミュニティ（一般的信頼）	
文化（的生活の豊かさ）	

注：太字は5%有意，細字は10%有意（以下同じ）。「とても良くなった」を5，「とても悪くなった」を1に調整。
強制投入法で，有意な項目を示した（以下同じ）。
出所：筆者作成。

表5-7　明暗化の要因：システム論に即したロジスティック回帰分析（調査2）

	明るさ増加	暗さ増加	不安増加	滅入り増加
WB（一般的WB）	**0.275**	−0.068	0.039	**−0.172**
政治（公正・正義）		**−0.092**	**−0.110**	**−0.072**
経済（収入）		**−0.104**	**−0.132**	**−0.071**
コミュニティ（一般的信頼）		0.055		
文化（的生活の豊かさ）	**0.121**			

出所：筆者作成。

関して重回帰分析（ステップワイズ方式）を行った結果（β）を**表5-6**と**表5-8**で示
した。調査1では，WBに続いて，公正・正義と収入が精神的変化に好影響を
与えており，調査3では文化的生活も好影響を与えている。いずれにおいても，
公正・正義の影響はWBに次いで大きく，政治システムの影響が顕著である。

表5-8　明暗化の要因：システム論に即したロジスティック回帰分析（調査3）

	明るさ増加	暗さ増加	不安増加	滅入り増加
WB（一般的WB）	0.375	−0.134	−0.063	-0.239
政治（公正・正義）		−0.122	−0.140	-0.083
経済（収入）		−0.066	−0.088	
コミュニティ（一般的信頼）			0.095	
文化（的生活の豊かさ）	0.143	0.093		

	精神的変化（β）
R2乗（調整済み）	0.34（0.347）
WB（一般的WB）	0.356
政治（公正・正義）	0.191
経済（収入）	0.080
コミュニティ（一般的信頼）	
文化（的生活の豊かさ）	0.081

注：太字は5％有意，細字は10％有意。「とても良くなった」を5，「とても悪くなった」を1に調整。
出所：筆者作成。

図5-19　多次元的WB（I COPPEの前後比較）（調査1）

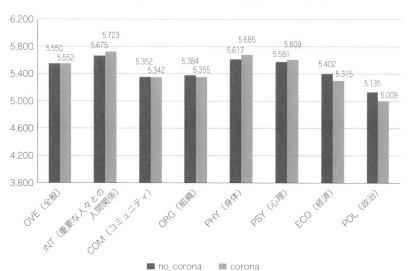

出所：筆者作成。

84

表5-9　明暗化の要因：多次元的WBに関するロジスティック回帰分析（調査1）

	明るさ増加	暗さ増加	不安増加	滅入り増加
全般的WB				
身体的WB	0.266		−0.069	−0.080
心理的WB		−0.174	−0.094	−0.183
個人間WB		0.116	0.181	0.175
組織的WB				
コミュニティWB		−0.079	−0.056	−0.086
経済的WB				
政治的WB		−0.156	−0.149	−0.194

	精神的変化（β）
R2乗	0.034
政治的WB	0.112
心理的WB	0.088
全般的WB	
身体的WB	
個人間WB	
組織的WB	
コミュニティWB	
経済的WB	

注：精神的変化の要因：多次元的WBに関する重回帰分析（調査1）（ステップワイズ方式）。「とても良くなった」を5，「とても悪くなった」を1に調整。
出所：筆者作成。

　次の図5-19は，先ほど言及したプリレルテンスキーの開発したI COPPEの調査票を使って，調査1において，コロナ前とコロナ後における変化を調べた結果を示している。やはり，経済的WBと政治的WB，さらにコミュニティWBと組織WBが少し下降していることがわかる。

　そこで，この多次元的なウェルビーイングの指標，つまり全般的・身体的・心理的・個人間・組織的・コミュニティ・経済的・政治的WBと明暗変化との関係をロジスティック回帰分析で調べた結果（B）を，表5-9・表5-10・表5-11で示した。文化的WBは調査2・3でのみ調べたので，それを入れた分析結果はそれぞれの表において括弧内で示した。

表5-10　明暗化の要因：多次元的WB（I COPPE）に関するロジスティック回帰分析（調査2）

	明るさ増加	暗さ増加	不安増加	減入り増加
全般的WB	0.128 (0.129)	−0.058		−0.116 (−0.115)
身体的WB	0.120 (同)		−0.073 (−0.078)	
心理的WB		−0.186 (−0.200)	−0.062 (−0.078)	−0.209 (−0.217)
個人間WB		0.147 (0.136)	0.186 (0.176)	0.120 (0.115)
組織的WB				
コミュニティWB				
経済的WB		(−0.055)	−0.085 (−0.099)	
政治的WB		(−0.086)	−0.079 (−0.136)	−0.101 (−0.129)
（文化的WB）		(0.126)	(0.131)	(0.064)

注：文化的WBを入れた分析結果は括弧内。
出所：筆者作成。

　いずれでも同じ傾向が出ている。心身のウェルビーイングが影響するのは，ある意味では当然である。興味深いのは，それだけではなくて個人間・政治・経済・コミュニティ・文化のWBが明暗変化に影響していることである。個人間WBや文化的WBは暗転（暗さ・不安・減入りの増加）と正の方向で関係している。個人間WBや文化的WBが高い人は，コロナ禍でコミュニケーションや文化的活動が難しくなって精神的に暗転したのかもしれない。他方で，政治的WB・経済的WB・コミュニティWBは暗転と負の方向で関係している。つまり，これらのWBが高い人は暗転が抑制されている。特に，3調査を全体的に見ると，政治的WBが心身のWB以外ではもっとも関係が深く，経済的WBがそれに次ぐ。

　さらに，精神的変化についても，調査が行われた調査1・3について重回帰分析（ステップワイズ方式）を行ったところ，政治的WBと心理的WBの影響が顕著だった（**表5-9・表5-11**）。上記の分析とあわせて考えると，多次元的WBにおいては，心理的WBと政治的WBが暗転抑制や精神的変化に好影響を与えると言

表5-11　明暗化の要因：多次元的WBに関するロジスティック回帰分析（調査3）

	明るさ増加	暗さ増加	不安増加	滅入り増加
全般的WB	0.173 (0171)			
身体的WB				
心理的WB	0.361 (0.387)	−0.174 (−0.250)	−0.238 (−0.131)	−0.351 (−0.361)
個人間WB		0.116	0.093 (0.128)	0.091
組織的WB				
コミュニティWB		−0.079		
経済的WB		(−0.176)	−0.165	
政治的WB	−0.181	−0.156 (−0.180)	−0.111 (−0.189)	−0.173 (−0.253)
（文化的WB）	(−0.162)		(0.182)	(0.174)

	精神的変化（β）
R2乗（調整済みR2乗）	0.321（0.320）　（同じ）
政治的WB	0.191（0.191）
心理的WB	0.215（0.215）
全般的WB	
身体的WB	(0.064)
個人間WB	
組織的WB	
コミュニティWB	0.094（0.094）
経済的WB	(0.072)
（文化的WB）	

注：文化的WBを入れた分析結果は括弧内。「とても良くなった」を5，「とても悪くなった」を1に調整。
出所：筆者作成。

えよう。

　さらに，精神的変化（目的変数）の要因を広範に検討するため，調査1・3について，**図5-7・図5-8**で示した社会的諸要因とWB（PERMAとSWLS），ヘドニア・エウダイモニア志向，属性（年齢，性別）を独立変数として重回帰分析を行った。この結果が**表5-12**であり，この2回の調査で共通している要因は，ルール形成

表5-12　精神的変化の諸要因に関する重回帰分析（調査1・3）

	β（調査1）	β（調査3）
R 2乗（調整済み）	0.068 (0.066)	0.395 (0.383)
SWLS	0.104	
ヘドニア志向	− 0.083	
ルール形成	**0.063**	**0.096**
健康	**0.074**	**0.105**
ネガティブ性	− 0.064	
年齢	− 0.034	
性別（男0：女1）	− 0.046	
政治的WB	**0.065**	**0.075**
美徳	− 0.073	
余暇充実	**0.054**	**0.055**
デジタル化（進展）	− 0.032	
反腐敗公正	<u>0.038</u>	
安全		0.088
雇用安定		0.098
心理的WB		0.116
ポジティブ感情		0.196
国政信頼		<u>0.096</u>
満足		0.118

注：変数の取り方に少し違いがある。たとえば，満足は調査1では1項目で調べており，調査3では集計値平均である。
出所：筆者作成。

（人びとによるルール形成・変革の機能が社会において機能していると思う）・健康・政治的WB・余暇充実である（太字）。ルール形成は市民性に関係しており，政治的WBとあわせて，2つの項目が政治的なものであることは印象的である。その他にも政治に関する要素（下線）として，調査1では反腐敗公正，調査3では国政信頼が影響しており，政治的要因が精神的変化に影響していることが確認できる。

　また，これらの回帰分析ではR2乗（決定係数）はいずれも小さく，目的変数の説明力には限界があるが，**表5-12**の調査3では β が0.395なので，上記の傾

図5-20　男女におけるSWLSの変化（調査1〜3）

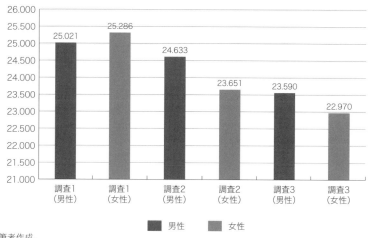

出所：筆者作成。

向はやはり全体的に存在すると考えられよう。[1]

　なお，属性に関しては，調査1では年齢が高い人や女性の方が精神的変化は悪化している。これは調査2・3でも見られる傾向である。性別で見ると，**図5-20**にSWLSの値を示したように，調査1から3において，男性よりも女性の方が大きくWBが低下している。この結果，調査1では女性の方がWBは高かったのに対し，調査2・3では女性の方が低くなっているのである。

5　正義・公正とウェルビーイング

　正義・市民性と主観的なウェルビーイングとの関係については，調査1・2について，モデルを作って共分散構造分析を行った。ここでは結果だけを紹介す

1　さらに調査1においては，調査項目に因子分析を行った上で，因子と明暗変化との関係について重回帰分析を行った。すると，家計とともに，それ以上に「コミュニティの関係」や「市民的公共性」が非常に大きな影響を与えていた。つまり，市民的公共性のような政治的要素が明暗変化に影響しているということがここからも分かった。また調査2については，分析方法を変えて集計値を中心に重回帰分析を行ったが，基本的に調査1と同じ傾向が現れた。

図5-21　共分散構造分析

調査1

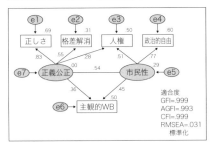

調査2

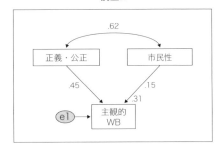

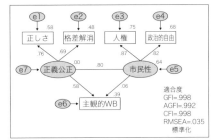

出所：筆者作成。

ると、「正義・公正や市民性がウェルビーイングに好影響を与えている」という
モデルがデータと適合性があるという結果が得られた（**図 5-21**）。

　さらに、3 調査について、気分の明暗変化と正義・公正や市民性との相関関
係を調べた。**図 5-22** は、正義・公正と政治的自由（意見表明の自由）の項目と明
暗変化との相関を示している。**図 5-23** は、社会・政治的項目（15 個）について
の探索的因子分析（最尤法，プロマックス回転）によって、正義・公正と市民性の因
子を抽出し、それと明暗変化との相関を調べた結果である。いずれも、正義・
公正および市民性が、明るさの増加に対して正の相関を示しており、暗転（暗
さ・不安・滅入りの増加）に対して負の相関を示している。つまり、これらは明る
さを増大させ、暗転を抑制しているのである。

　そこで、これらの分析結果を組み合わせてみると、「公正・正義や市民性と、
ウェルビーイングや明暗変化が関係している」という推論が成り立つ。つまり、

図5-22　正義／公正や市民性と気分変化（明暗変化）との相関

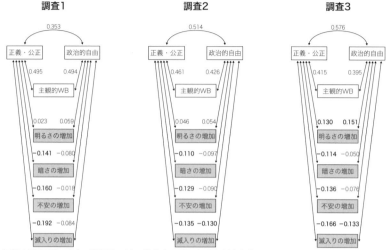

注：太字は相関係数 >0.1。調査 3 では，明るさの増加も 0.1 以上になっている。
出所：筆者作成。

図5-23　正義／公正や市民性と気分変化（明暗変化）との相関

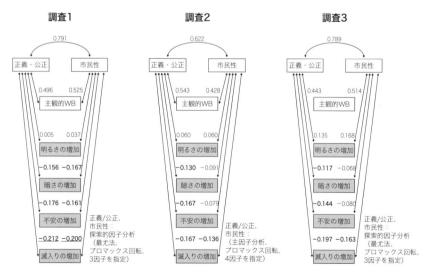

注：太字は相関係数 >0.1。0.2 以上のものには下線を付した。
出所：筆者作成。

正義・公正や市民性と WB は正の方向で相関している。また，それらとコロナ禍における明暗変化は関係しており，特に暗転抑制，つまりネガティブ化の抑制ではそれが顕著である。

　論理的には，もともと気持ちの明るい人が，市民性・公正の状況にも楽観的で，これらは十分に社会に存在すると考えていて，コロナ禍にあっても気持ちが明るくなるという可能性も考えられる。しかし重回帰分析でも同じ結果が現れたということを考えると，もともとのウェルビーイングの要因を除いても，公正・正義や市民性が明暗変化と関係していると推定できる。

　この結果を解釈すると，コロナ禍において「政治が十分な対応をしてくれない」とか「政治・社会において公正・正義が存在しない」という感覚は，コロナ禍で，より絶望する方向，希望を失う方向を強めて，それがウェルビーイングの低下や暗さ・不安・滅入りの増加に関係しているという因果関係が考えられよう。こういった分析においては基本的に相関関係を分析しているので，因果関係については別途考察する必要があるが，前述したように「公正・正義や市民性は，WB の増加につながる」というモデルの適合性は高いと筆者は考えている。

　思想的には，このモデルは，コミュニタリニアニズムや，それに関連する共和主義に基づいて構成したモデルなので，これらの思想の想定に近い。そこで現実のコロナ禍における実証的分析からもこれらの思想の信憑性が高まった，と上記の分析結果を筆者は解釈している。

6　結論：ウェルビーイングの低下と二極化

　以上をまとめると，この分析からは「コロナ禍におけるウェルビーイングの下落と WB・価値観両極化」という結論が得られる。当然想像されるように，全般的に不安感が高まり，ウェルビーイングが下落している一方で，ウェルビーイングが向上している人も存在しているし，価値観は物質主義的価値観と脱物質主義的・精神価値観への両極化が進んでいる。そして，収入の不安・変化という好ましくない傾向があった反面，家族や友人の絆が良い方向に変化して

いる人も相当数存在する。価値観の両極化とも関連していて，これらは注目に値する結果であろう。ちなみに，属性については，調査1では女性や高齢の方が，男性や若年の人に比して，ネガティブな方向が増えており，女性についてはこの傾向は3調査で一貫している。

そして，明暗変化においても，公正・正義と市民性が関係している。政治・経済・コミュニティに関するWBは明暗変化や精神的変化と関係しており，特に公正・正義をはじめ政治システム（に関する認識・知覚）の影響が大きい。公正・正義は，市民性と共に，ウェルビーイングの増加と関係しており，コロナ禍においてはネガティブ化を抑制するという傾向・効果が見られるのである。

よって，公正の問題はやはり極めて大事だと考えられる。公正が実現すれば，それは実際の人々の生活を良くするために役立ち，ウェルビーイングを増加させることになる。それだけではなくて，コロナ禍において，気持ちが暗くなり不安や増大して気が滅入るといったネガティブな方向への心理的変化を抑制し，若干はポジティブな心理的変化を促す。したがって，公正社会の実現は一般的に人びとの幸福を増大させるとともに，全世界的なパンデミックという災厄において，ポジティブな心理を増大させてネガティブな心理への変化を抑制するという効果があると結論できるのである。

［補　論］

セミナーの議論を基に，以下の点を補足しておきたい。

（1）**思想と実証分析**：　本章の実証分析の背景には，コミュニタリアニズムの思想が存在する。近代になってから，規範的哲学・思想と経験的科学とが分裂したが，ポジティブ心理学は経験的科学の方法で，アリストテレス的な古典哲学や美徳倫理学と共通性の高い結論をしばしば導いている。この基礎の上に立って，筆者は，ポジティブ政治心理学を提起しつつ，「哲学的科学」（哲学に示唆された科学）ないし「科学的哲学」（科学に示唆された哲学）という概念を用いて，この双方の架橋や統合を目指している。

（2）**政治哲学との関連**：　コロナの衝撃は，コロナ禍中だけではなく，その後の

世界にとっても日本にとっても，思想的にも現実的にも非常に大きいのではないか
と筆者は考えている。

　これまでの世界や日本において大きな役割を果たしてきた功利主義の思想は，経
済学や政策研究に大きな影響を与えており，利益優先の市場経済主義に対応してい
る。これをコロナ問題に適用すると，感染症対策と経済成長への考慮のバランスを
取る政策に傾きやすい。日本政府の政策も基本的にはこの類型に当てはまる。とこ
ろが，2020年の夏の段階で既に，感染症対策を徹底した国の方が経済的な立ち直り
が早いという結果が国際比較によって明らかになった。これは，功利主義の思想に
再考や反省を迫ることになろう。

　またリバタリアニズム（自由原理主義）という市場経済優先の考え方が，1980年
代ころから世界を席巻し，日本にも大きな影響を与えた。この思想は経済学におけ
るネオ・リベラリズムに基本的に対応し，利益優先の市場経済主義が功利主義以上
に強く，論者たちは福祉を含めて政府の介入に原則的に反対し，人びとの自由を最
大限尊重しようとする。そこで，コロナ対策についても政府の強力な対策には消極
的で，マスク着用やロックダウンなどの行動制限が自由を侵害するとみなして反対
する傾向がある。アメリカのトランプ政権やその支持者たちが典型的であり，ロッ
クダウン反対デモも行われた。

　しかし米英やブラジルなどでは，このような政策の結果，感染者や死者が増大して
非常に大きなダメージが生じた。トランプ政権が大統領選挙で敗北した一因は，こ
こにあるだろう。それ故，中長期的には，コロナ禍の経験が政治哲学に影響し，リ
バタリアニズムは衰退に向かうと筆者は考えている。

　またリベラリズムは権利論によって，生命の尊厳や，福祉による格差縮小・弱者
の保護を主張する。そこで，感染症対策の優先や給付金・支援金などによる経済的
対策を主張すると思われ，これらの点で功利主義やリバタリアニズムよりも適切な
対応を可能にすると思われる。しかし自由の尊重を重視するあまり，緊急事態宣言
やロックダウンのような公権力を行使する感染症対策をどこまで十分に積極的に行
えるかどうかは，思想的には明確とは言えない。

　これらに対して，コミュニタリアニズムでは共通善のための権力行使は政治の目
的である。公衆衛生（public health）が直訳すれば「公共的健康」であるように，感

染症に対して生命や健康を守ることは公共善に他ならない。よって，コミュニタリアニズムは，これらの公共善を優先し，功利主義やリバタリアニズム，さらにはリベラリズムよりも積極的な感染症対策を主張すると考えられる。

水島論文（**第 3 章**）における 2 次元の中で，社会的統制と行政的統制は，コミュニタリアニズムにおける道徳的規範と公共善のための権力行使に相当すると思われる。よって，この思想的観点からは双方とも重要である。多くの西洋諸国では，深刻な感染状況のために行政的統制が必要になった。

日本ではマスク着用を多くの人びとが励行するなど自粛や自己規制が見られたので，当初は西洋諸国に比して人口比感染者数が比較的少ないと考えられていた。ところが政府の消極的コロナ感染対策や経済重視策の結果，2021 年 8 月の第 5 波では首都圏における医療崩壊などにより深刻な被害が生じた。この一因は，東京オリンピック・パラリンピックのために行政的統制が不足したことに求められよう。

よって，コミュニタリアニズム的観点からは，日本では道徳的規範がかなり機能したが，公共善のための権力行使が足りなかったということになる。日本の失敗は行政的統制の不足に求められよう。

本章の実証分析は，政治哲学と直接に関係するものではないが，以下の 2 点で接点がある。第 1 に，本文中で説明したように，「正義・公平や市民性がウェルビーイングを増加させるという傾向」はコミュニタリアニズム的な仮説に基づいており，コミュニタリアニズムの思想と親和性がある。

第 2 に，価値観の変化において，脱物質主義的ないし精神的価値観や家族・友人の絆を重視する人の増加はコミュニタリアニズムの方向性と親和的である。

（3）価値観の変化：　この調査における価値観についての質問は，人間性心理学の創始者の一人であるアブラハム・マズローの欲求階梯論を念頭に置いて作られている。実は「ポジティブ心理学」という用語を初めて使ったのはマズローであり，今日のポジティブ心理学にはマズローらの人間性心理学の洞察を科学的・経験的に進展させたという側面がある。

さらにロナルド・イングルハート（2021 年没）がマズローの議論を踏まえて価値観の変化を調査し，『静かなる革命』（1977 年）などにおいて「物質主義的価値観から脱物質主義的価値観へ」というテーゼを提起した。戦中や戦争直後に成長した世

代（A）は，経済的な欠乏や戦争による苦難を経験していたので，物質主義的価値観（安全・生存欲求に対応）が優勢だったのに対して，その後の平和な経済成長期に成長した世代（B）では脱物質主義的価値観（自己実現欲求に対応）が増加し，1960年代末からの対抗文化運動やエリート挑戦的な政治参加の増大につながったというのである。

　その後，スタグフレーションなどの経済的停滞によって，「この傾向に変化が生じて，物質主義的価値観が再び増加した」という議論が提起されて論争が行われ，イングルハートの議論にも変化や展開がある。しかし本章では当初のテーゼに即して調査・分析を行った。この結果，コロナ禍では物質主義的価値観と脱物質主義的価値観の双方に増加の傾向が見られることがわかった。

　物質主義的価値観の増加は，世界大戦の影響を若年時に受けた世代と類似しており，戦争とパンデミックという大きな危機は，いずれも安全性や経済的安定を求める志向を増大させて，物質主義的価値観の増加につながったと解釈できる。

　他方で，脱物質主義的価値観の増大は，第2次世界大戦後の世代とは異なり，むしろ1960年代末に顕在化した「静かなる革命」と共通性がある。これは，コロナ禍下において，通常のような快楽や物質的欲望の満足を求める生き方が物理的に困難になって，外出を控えて家に閉じこもらざるをえなくなったため，内面的・精神的な方向への関心が向き，家族をはじめ親密圏や精神性の価値を認識した人が増えたからだろうと解釈できる。

　物質主義的価値観と脱物質主義的価値観の双方が増大するという傾向は，上記の世代（A・B）のいずれとも異なり，その点で注目に値する。ポジティブ政治心理学において，マズローやイングルハートの議論を踏まえた調査を行って価値観の変化を測定することは，今後の世界の動向を考える際に有益だろう。

　本分析は，この点で注目に値する知見を提起したと考えているが，「このような価値観の変化がコロナ禍においてどれくらいの規模になるのか，そしてコロナ後ではどのようになるのか」というのも興味深い問題である。現時点では推測するしかないものの，継続的に調査して，政治や社会への影響を注視していきたいところである。

　（4）**コロナ後の社会と文明**：「コロナ禍でネガティブな影響の反面，ポジティブ

表5-13　ポスト・コロナ時代の社会（栄福社会）へのビジョン

	原理（経済システム）	科学技術	組織（関係性）	生き方・価値観（文化システム）	政治哲学（政治システム）	社会・コミュニティ
従来	利益優先の市場経済主義	重厚長大	垂直性・画一的	快楽ヘドニア	功利主義，リバタリアニズムなど	閉鎖的，抑圧的
コロナ後	生命・健康・自然環境優先，道徳経済	デジタル（ネット・AI）	水平性・多様	精神性エウダイモニア	コミュニタリアニズム	超（緩）境界型，自律と協調

出所：筆者作成。

　な変化もあるのに対し，コロナ禍が収まって日常に戻ると，わずかに見えた光が消えて，また元に戻るだけになるのか」という問いがある。確かに「元の生活，元の世界に戻る」という考え方がよく見られるが，筆者は中長期的にこの経験が大きなインパクトを及ぼして社会的・文明的変化が起こる可能性があると考えている。

　表5-13は，文明論とポジティブ社会システム論の観点から，この傾向や可能性を集約している。ポジティブ心理学の観点から言えば，これらの変化によって，人びとのウェルビーイングが高い社会へと進むことが望ましい。セリグマンのフローリッシュという概念を「栄福」と訳して，このような社会を筆者は「栄福社会」と呼んでいる。

　文明的変化は，内的・文化的要因と外的・技術的要因によって促される。内的・文化的要因に関する原理や政治哲学，生き方・価値観については既に述べた。これらは，経済・政治・文化システムに対応している。（政治）経済の原理に関しては，前述のように功利主義やリバタリアニズムは，利益追求優先の市場経済主義に傾きやすいのに対し，コミュニタリアニズムは公共善の観点からの制御・介入を一定程度は肯定し，道徳的・規範的な観点を経済に導入する考え方（道徳経済）を再生させることになろう。

　外的・技術的要因としてコロナ禍によって急速に進展したのは，オンライン化である。科学技術におけるデジタル化・AI化は，重厚長大の産業を中核にしていた社会の変化を引き起こしつつあるが，コロナ禍によって一気に加速することは間違いない。これは，組織や関係の変化につながるだろう。従来の垂直的・画一的な組織

や関係性が，水平的で多様な様態の方向へと変化する可能性が高い。

　同時に，社会やコミュニティは「分散的・超（緩）境界型社会」へと変化し始めるかもしれない。コロナ禍によって，テレワークやオンラインの仕事が増え，それに伴って仕事の形態が変化し，住居や事務所も都心から郊外に移る傾向が現れている。これによって大都市集中の傾向が変わり，郊外や地方への分散が可能になるかもしれない。また様々な組織の境界が以前よりも緩やかになって，その間を行き来できるようになるかもしれない。

　これをポジティブ社会システム論の観点から説明してみよう。文明の発展とともに，政治・経済・文化という各システムの分化と制度化が進んだ。これに対してその枠外や周辺，境界を越える存在や時間が人類学や歴史学などでは注目されてきた。前近代的文明では，人類学における遊牧民（ノマド）やトリック・スター，道化，（日常的なケに対する）非日常的なハレの時，日本史（網野史学）における無縁・公界（くがい）という（世俗権力の私的支配下にない自由な）場所における非農業民（職人・芸能民）の研究があるし，社会学でもマージナル・マン（境界人・限界人・周辺人：複数の文化や集団の影響を受けつつ，一つには所属しきれない人）についての研究がある。定住社会が静態的であるのに対し，こういった境界的存在は，社会に動態的な活力を与えたり，創造性・革新性の源ともなってきた。

　しかし定住社会ではコミュニティのように境界をもつ中で生きる人が多数派であり，日本は農耕社会だったので，村落共同体に帰属する性格が強かった。近代化・産業化・都市化が進んだ後も，企業という共同体に帰属意識を持つ人が多くなり，集団主義的な文化が持続して，労働にも影響を与えてきた。

　これに対して，近年，世代とともに個人主義化・自律化も進みつつあるが，コロナ禍によって従来にない大きな変化や潮流が急速に生まれつつある。上述のように，たとえばオンライン化やテレワークによって，一つのコミュニティや組織の境界に束縛・限定されない生き方・働き方が余儀なく進み，郊外などに住居を移す傾向も現れて，従来の大都市中心・一極志向が反転し，分散型社会へと移行する傾向も現れている。つまり，脱境界・緩境界の状況や行動様式が，かつてのように一部の人・場所・時間に極限されるのではなく，かなり多数の人々・場所・時間に広がりつつある。

　コロナ後の社会でも，この超（脱・緩）境界化の傾向が持続すると，中長期的には文明の変化をもたらすような社会的変化が生じる可能性がある。もっとも，ポストモダン哲学におけるノマド（遊牧民）社会の概念のように全面的に無境界・流動的な社会となるというよりも，従来の組織などやその境界も一定程度は存続しつつ，その垣根が緩やかになり，多くの人々が組織にも帰属しつつ，日常的にその境界を越えて生きて働く時代になりうるかもしれない。

　これにより，組織の束縛や管理社会の抑圧的傾向が減少するかもしれない。この結果，自律性が増大しうる。他方でコミュニティや組織が消滅するわけではないので，その下における協調性・共同性の必要性は存続する。そこで主体性・自律性と協調性・協働性，言い換えれば自由（リバティ）と共同性（コミュナリティ）との両立が必要かつ可能になるかもしれない。

　これは，リベラル・コミュニタリアニズムのビジョンと対応する。同時に，ポジティブ心理学の観点から見れば，閉鎖的共同体や管理的・抑圧的組織は人びとの自律性や創造性を弱体化させ，ウェルビーイングの低下をもたらすのに対し，コミュニティや組織の脱・緩境界化は人びとのウェルビーイングを高める可能性があるだろう。これは，上記の栄福社会につながるかもしれない。以前の境界的存在が創造性・革新性を持っていたように，超（緩）境界化は動態的な創造性・革新性を増大させ，経済的活性化や繁栄にもつながることが期待されよう。

　本分析の結果は，日本のみならず，世界の動向を考える際にも有益だろう。コロナ禍によるウェルビーイングの低下は，おそらく日本だけではなく世界的な傾向と推定できよう。このような大きな苦痛を人類は経験している。しかしこれを乗り越えていくことによって，二極化におけるポジティブな変化が引き続き進展し，価値観・政治哲学・社会などの上述のような変化が持続し，栄福社会への道が開かれていくのではないか，という期待を筆者は持っている。これはもちろん哲学的・理論的な希望に過ぎないが，今後の経験的調査によって検証していきたいところである。[2]

2　本章のデータ整理・図表化においては，石川裕貴氏（千葉大学人文公共学府博士課程）の多大な協力を得た。感謝したい。

第 6 章

オーストラリアにおける COVID-19 への政策対応と市民のウェルビーイング

リンジー・オーズ

1　はじめに

　本章の目的は，コロナ禍で実際にオーストラリアでは何が起こったのか，政府の政策対応について考察することであり，オーストラリアの人々のウェルビーイングについても少しお話しする。議論にあたって，特に前者の政策対応に焦点を当てたい。ここで個々の政策対応の背後に，オーストラリア連邦の政治的な構造が深く関連している点は重要である。具体的にまずオーストラリアの政策の背後にある政治的な構造につき概観する。またオーストラリアの各州の状況を比較することを通じて，保守的かつ自由主義の個人的な世界観，政治観はいかに進歩的な政治観と対立関係にあるのかについて提示したい。

2　オーストラリアの一般事情および政治構造

　議論を進める前に，オーストラリアにおける政策，政治的及び倫理的議論の背景となるオーストラリアの一般事情について説明しておこう。まず，第一には，オーストラリアは連邦国家であり，国内総人口は 2021 年で約 2600 万人である。オーストラリア連邦政府，つまり国の政府は現在，保守連合（Liberal National

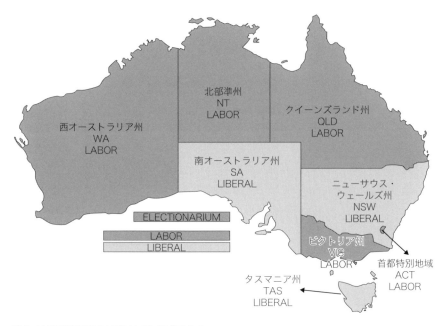

図6-1　オーストラリアの政府構造

出所：ELECTIONARIUM.COM に基づき筆者作成。

Coalition）が担っているため，政治において保守的な側面がある。**図** 6-1 に示しているように，オーストラリアは，6 つの州政府と首都特別地域，北部準州で構成される。これら 6 つの州は主に旧英国の植民地体制に基づいている。南オーストラリア州，ニューサウス・ウェールズ州，タスマニア州は現在，連邦政府と同様にリベラルあるいは保守的な州である。これに対して，西オーストラリア州，北部準州，クイーンズランド州，ビクトリア州，首都特別地域はより進歩的な州であり，これらの州では，オーストラリア労働党が州レベルの政権を握っている。

　シドニーが所在するニューサウス・ウェールズ州の人口は現在 816.6 万人で，これがオーストラリア総人口の 31 ～ 32% を占めている。3 割以上の人口が住んでいるニューサウス・ウェールズ州は現在保守寄りであり，この点は連邦政府と同じである。一方，メルボルンが所在する進歩的なビクトリア州には人口

の 26% が居住している。このように，人口の約 57% がこの 2 つの州に集中しており，一つは保守的な州で，もう一つは進歩的な州となっている。

3　COVID-19 への対応

2020 年 3 月に，オーストラリアにおいては 2 件の大規模な新型コロナウイルス（COVID-19）の集団感染が発生した。**図 6-2** に，その状況を示している。この 2 件とも進歩的なメルボルン州で発生した。保守的な連邦政府は，そのイデオロギーや世界観を促しているが，ほとんどの規制，封鎖，経済への負の影響は，進歩的な州で起こっている。2021 年 6 月からは，シドニーとメルボルンという大きな 2 つの都市で，新型コロナウイルスの変異株のひとつであるデルタ株が出現し，両方の州に影響を与えている。

新型コロナウイルスの発生及び流行はオーストラリアの政治的，政策的な議論にどのように影響したかを，さらに概観したい。世界基準から見ると，オーストラリアにおいては，それほど多くの感染確認者や死亡者を出していないかもしれないが，決して完璧でもない。オーストラリア最大のニューサウス・ウェールズ州とビクトリア州（総人口の 57.3%）が同国経済に大きな影響を及ぼす。大半の政治的議論において，基本的にニューサウス・ウェールズ州とビクトリア州で何か起きているのかが比較され，連邦政府は保守的なので，ニューサウス・ウェールズ州の政治に近い。これら 2 つの州は保守と進歩の 2 つの対照的なイデオロギーをそれぞれ表しているという点を指摘したい。興味深いことに，オーストラリアの医療システム，病院や公衆衛生のほとんどは州政府から提供されている。例えば，資金の大部分が連邦政府から提供されているにもかかわらず，ニューサウス・ウェールズ州の保健大臣やビクトリア州の保健大臣によってである。オーストラリアでは，州ごとに知事（首相）がいるが，公衆衛生の秩序についての助言を州知事に提供している首席保健官が台頭している。これは，州の権力や州間の論争において，非常に異例なことである。連邦首相が内閣を構成し，それに連邦政府と全ての州首相が加わって共同で決定を下すというこれまで見たことのない仕組みとなっている。このように，コロナの流

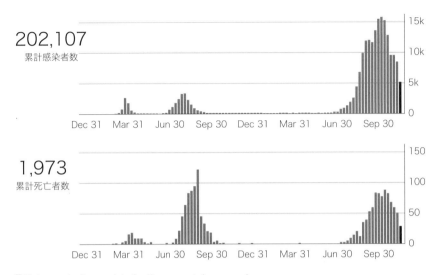

図6-2　オーストラリアにおけるCOVID-19感染状況の推移

■ Data may be incomplete for the current day or week.

注：2020年1月3日〜2021年11月25日。
出所：World Health Organization HP より（https://covid19.who.int/region/wpro/country/au）。

行が，それに関連する政策と政治にどのような影響を与え，民主主義に新たな
発展をもたらしたかを私たちは見ている。特に州の比較を通じて，連邦政治と
政策における州の役割の大きさを示してみよう。

　表6-1に新型コロナウイルス感染症への対応を巡る政策対応の比較を示す。
左側に経済的に自由主義的で，社会的に保守的な保守党（連邦レベルの現政府と人
口が最も多いニューサウス・ウェールズ州で政権を握っている），右側に進歩的なオース
トラリア労働党（連邦政府の政権外ではあるが，2番目に人口の多いビクトリア州で政権を
握っている）の政策対応を示す。

　表の左側の政策では，連邦政府とニューサウス・ウェールズ州政府が自由を
掲げ，経済発展を優先した。一方，表の右側の政策対応として，ビクトリア州
ではロックダウンと行動制限が行われ，進歩的な政府が公衆衛生を最優先にし
て国民を支援している。表の左側のニューサウス・ウェールズ州とオーストラ

表6-1　新型コロナウイルス対策を巡る政策対応の比較

自由主義的／保守的な視点 （オーストラリア自由党・国民党）	進歩的な労働党の視点 （オーストラリア労働党）
・連邦政府と最も人口の多いニューサウス・ウェールズ（NSW）州 ・自由と経済を優先 ・2020年の新型コロナウイルス感染者数が少ない（シドニーの「ルビープリンセス」クルーズ船での感染者数を除く） ・2021年デルタ変異株の感染者数は多い ・オーストラリアはワクチン接種の取り組みが供給不足（連邦政府）により遅れた ・より多くのワクチン供給が利用可能になったとき，連邦政府はNSWへの供給を優先	・強力なオーストラリア労働党のリーダーが2番目に人口の多いビクトリア州で政策運営 ・公衆衛生の介入及びサポートを優先 ・ホテル隔離の脆弱性より2020年に感染者数が高くなり，メルボルンで長期的ロックダウン ・2021年で2回目の長期的ロックダウン（合計6回） ・保守的メディア（実業家ルパート・マードック氏の所有）が「全体主義」的なロックダウンを批判 ・西オーストラリア州とクイーンズランド州（労働党）の感染率は低く，感染拡大防止のため，州境を閉鎖

出所：諸資料により筆者作成。

リアのほとんどの地域では，2020年の感染率は，クルーズ船で感染が発生したシドニーを除いて低い水準であった一方，表の右側に該当するビクトリア州では，長いロックダウンを経験している。私のいるメルボルンでは6回目のロックダウンを終えたところである（2021年10月時点）。後にも言及するが，オーストラリアのような富裕な国にしては，予防接種が遅かった。なぜそうなったのかについては多くの議論があるが，本質的には，連邦政府が初期段階に十分なワクチンを確保していなかったと思われる。ビクトリア州ではネガティブな状態が生じていたが，オーストラリアの多くのメディアを支配するルパート・マードック氏は保守的な政治に与している。進歩的な政府がメルボルンとビクトリア州でロックダウンを行っている際，全国の保守的なメディアはビクトリア州政府が全体主義的で，過剰に干渉しており，経済や個人の自由と権利に無関心であると激しく非難した。

　2021年後半にはデルタ株の感染の波が押し寄せ，**表6-1**の左側に該当するシドニーとニューサウス・ウェールズ州で感染が深刻化した。ワクチンは優先的にこれらの州に供給された。他方，進歩的なビクトリア州でもデルタ株による感染があり，再び閉鎖状態に入り，ワクチンを得ようとした。この2つの州の

間には多くの政治的・政策的議論があり，連邦政府は保守政党が政権を握っているニューサウス・ウェールズ州の側に立っている。西オーストラリアなどの州では過去2年のほとんどで感染者がいなかった。クイーンズランド州ではいくつかの流行があったものの，オーストラリアの他の広大な陸地では，比較的コロナの影響を受けていない。だからシドニーとメルボルンの事態が議論の中心だった。オーストラリアの事例は世界の他の地域とはあまり似ていないかもしれないが，オーストラリアで新型コロナウイルスの予防と抑制のために何をしているかについて話そう。

　PCR検査，隔離，社会的距離，接触者追跡および接触者追跡の改善が行われた。手洗いのような普通のことはもちろん，マスクの着用についての多くの政治的，個人的な自由な議論があるが，現在，マスクの着用はオーストラリアの都市生活の重要な一部となっている。また，最近学校では，清掃と換気も主要な取り組みになっている。連邦政府が防疫を担当しているが，彼らは事実上それを州に委任した。隔離は主にホテルで行われ，これは特に成功しておらず，何度も感染爆発が起こった。そのため，各州と連邦政府の間で議論が起きている。ワクチン供給の遅れによるワクチン接種の遅れで，各州政府は規制やロックダウンに大きく依存している。これによって，シドニーやメルボルンでは，通勤や通学を禁止したり，自宅から5キロ以内に移動を制限したり，他人の家への訪問を禁止したりしている。もちろん，時間が経つにつれて，特にメルボルンでは，過去2年間で262日間の制限措置が実施され，6回のロックダウンを経て，人々はイラ立ち始めている。そこで，議論の焦点は，誰が悪いのか，州政府なのか，連邦政府なのか，ワクチン接種の遅れは誰の責任なのか，そしてなぜこれほど長い間ロックダウンが必要なのか，ということに集中している。

　感染拡大防止のためのもう一つの重要な政策手段は国境閉鎖であった。国内でもいくつかの州では州境の閉鎖政策が導入された。これは我々の人生であまり経験したことのない国の分離である。予防接種について，オックスフォードアストラゼネカ社のワクチンが供給されているが，効果はあるものの販売が促進されず，評価がとても悪かった。最近では，ファイザー社製のワクチンが主要な予防接種ワクチンとなり，またモデルナ社製のワクチンも予防接種ワクチ

ンに加わった。

　人々の職場復帰のためのワクチン接種を巡る論争も広がっている。論点の一つは，後にも述べるが，州や政府が予防接種を強制すべきか，それとも予防接種を雇用主からの労働に対する条件とするべきか，ということである。最近では，新型コロナウイルス感染症に対する潜在的な治療法が台頭している。多くの可能性の中で，どのような方法をとるべきか，非常に混沌としたやり方で行っていた。

4　おわりに

　オーストラリアのような豊かな国では，イギリスやカナダと同様に予防接種の普及が期待される。初期段階において，オーストラリアでは予防接種が遅れていたが，最近ではワクチンの接種が急速に増えている。オーストラリアの接種状況を日本と比較すると，現時点では両者はそれほど似ていない。裕福な国にしては，日本の接種率は高くないかもしれないが，オーストラリアより高い。例えば，2021 年 3 月から 7 月の間の遅延期間には，ワクチンの接種率が低く，感染防止対策として，行動制限やロックダウンなどに依存しなければならなかった。これにより，社会的な不満の噴出（すなわち市民のウェルビーイングへの負の影響）や政治的議論が多く見られた。オーストラリアの国家構成と政府構造に関する背景については上述の通りであるが，個人・企業の権利と公衆衛生のどちらを優先するかについての議論や政治の進歩的見解に関して，政治イデオロギーにおけるニューサウス・ウェールズ州政府とビクトリア州政府という二大州の対立が激しい嵐を巻き起こした点を特に強調したい。

　続いて，日本でもよく関心を払われるワクチン接種に関連する問題を提起したい。本講演時点（2021 年 10 月 27 日）の状況から見れば，多くのオーストラリア国民が予防接種を受けることにより，12 歳以上での接種率は 95% に達する見込みである。しかし，ワクチン接種における個人的権利は，まだ議論の途中である。アメリカほどではないが，積極的な反ワクチン団体がオーストラリアでまだ存在している。そこで，ワクチン接種を受けないのは法的権利であるが，

その選択は道徳的な権利といえるのか，という疑問も提示したい。言い換えると，現在の論争の一つは，政府が全体として仕事について接種を要件とする状況を作るべきなのか，それともそれは個人の雇用主や組織の役割なのかということである。皆様に少なくともオーストラリアの状況をお知らせして，今後の議論に寄与したい[1]。

（張暁芳訳，小林正弥・石戸光監訳，編者による内容確認）

参考文献

ELECTIONARIUM, https://electionarium.com/（2021 年 11 月 26 日最終閲覧）

World Health Organization, https://covid19.who.int/region/wpro/country/au（2021 年 11 月 26 日最終閲覧）

1　本章は 2021 年 10 月 27 日に開催したオンライン国際シンポジウム「新型コロナと地球的社会正義」における講演の要旨を日本語で整理したものである。

第7章

地域統合とコロナ禍をめぐる 哲学および事例からの考察

ジェラルド・モシャマー／ナタナリー・ポスリトン／石戸 光

1 はじめに

　本章においては，EU および ASEAN の事例を踏まえながら，地域統合とコロナ禍をめぐる哲学的，事例的な考察を行う[1]。第2節においては，コロナ禍と地域統合について考察するための視点につき論じる。第3節では，この方法論を前提としながら，ASEAN と EU についての比較を試み，地域統合と「公正」概念について，移民・難民等の社会的弱者とコロナ禍を事例に論じる。最後の「おわりに」においては，地域統合との関連で公正概念についての暫定的な結論を述べたい。

2 何の統合か，誰のための正義か：ASEAN と EU に関する方法論的考察

(1) 社会科学におけるイデオロギーの影響

　本節のタイトルはかなり一般的である。すなわち，何の統合か，誰のための

1　本章は 2021 年 2 月 8 日に開催されたオンライン研究会合 "Whither Regional Integrations: Comparison of ASEAN and EU from Philosophical and Politico-Economic Perspectives" での筆者らの議論を元に，日本語に訳出しながら再構成したものである。

正義なのか。そしてサブタイトルは，ASEAN と EU に関する方法論的考察である。これは社会科学の分野に属する問題と言える。ここで筆者の一人（ジェラルド・モシャマー）は哲学研究者であるため，統合を検討するための方法論自体について触れたい。社会科学は自然科学と興味深い関係を持っている。自然科学は一種のリーダーシップを発揮し，他の多くの科学は自然科学のようになりたいと考えている。

　しかしもちろん，社会科学の問題は，それが完全に可能というわけではない。その理由の1つは，社会問題に関連する問題について話し合うときに，規範と描写が何らかの形で相互作用するためである。実際に私たちが社会的な世界をモデル化する方法は，イデオロギーなどの影響を受けることがよくある。特に，具体的な政策立案や国際関係，外交などの分野では，学術的言説と実際の政治とを橋渡しすることは非常に困難である。私たちは社会を構築し，制度は私たちによって作られる。その意味で，私たちがコロナ禍そして公正の概念を論じる際に，自然科学的な研究とはまったく異なる状況にあり，イデオロギーの影響が絶えず伴う点を最初に指摘したい。

　私たちは奇妙にグローバル化された消費者のライフスタイルを発展させてきた。それはもちろんまだ多様であるが，それにもかかわらず，一種のグローバルな共通の宗派を信じているようである。また興味深いことに，超個人的な新しい規範の出現がみられる。それらは個人を超えており，例えば私たちには環境保護に関連する規範があり，そこでは協力しなければならないことに気づいている。私たちは社会正義と公正の全体像を持っており，それは政治的にホットなトピックである。

(2) 社会における協力と公平性

　社会における協力と公平性の全体像を考える時，私たちは重要な原則を持つことができる。1つは，古くから指摘されている自由（freedom）の原則である。しかし逆説的に，私たち全員がやりたいことを自由にやれば，お互いの足を踏んでしまうことになる。したがって，私たちは何とかして一緒に暮らせるように社会を組織しなければならないが，それは相互主義の原則である。あなたが

リバタリアン（自由至上主義者）であっても，あなたはそれを受け入れる，と推測できる。例えば自分のマンションで朝の 2 時に非常に大きな音楽を演奏することを許可しないことが，自由を制限されすぎているとは言わないであろう。それは朝の 2 時に隣人から音楽を聴きたくないので，自身も間違いなくそれを受け入れるであろう。これは簡単で単純な例であるが，グローバル社会への示唆を持つ。

　次に，外部性（externalities）の点であるが，これは，経済的または個人的な事業で社会に何らかの費用を課してしまう時，あなたはこれらの費用を支払うべきであるという原則である。もちろん，現代の資本主義ではこの原則はそれほどうまくいっていないが，原則として，ほとんどの合理的な人々が同意すると思われる（もちろん，ロビー活動で負担を負わないようにする活動の問題はあるが）。このことは，地域統合内部，また複数の地域統合間で重要な考慮事項と思われる。

(3) グローバルな「マナー」の問題

　ちなみに，最初の例ではマナー（manner）の問題があると思われる。マナーは法規範ではないが，伝統的に人々が何らかの形で地域ごとにうまく共存することを可能にしてきたといえる。しかしグローバリズムと共に，普遍的なマナーを失ってしまったように見え，それが実際に問題となってくる。国際空港で起こりうるマナー違反（手続きの際に列を乱すことを含み，さらにはコロナ禍を受けた国家による入国規制の際の恣意的な国別取り扱い，またそれを受けた市民側の抜け駆け行動にも当てはまりうる）かを確認する必要がある。マナー違反は，人間共存のロールモデルではありえない。

　マナーとの関連では，一部の人々は（たとえば生まれた国や家計の所得状況などに関して）運が悪いだけで，そのような人々を助ける必要があるかどうかというのは，誰もが同意するわけではない論点と思われる。そしてこのことは，コロナ禍におけるワクチン供給と分配の問題に，根本的な問いかけを行っている。

3　EU と ASEAN のコロナ禍を巡っての比較

(1) ワクチン供給を巡って

　ごく簡単な比較となるが，EU には超国家的な管轄法（欧州連合基本権憲章）の
役割が大きいが，ASEAN においては，ASEAN 憲章は存在するものの，あくま
で個別国家の法規制が前面に出ており，国内問題への不干渉原則は維持されて
いるため，中央集権的な機能は EU においてより顕著と思われる[2]。そのため EU
では，コロナ禍を受けて，たとえばワクチンの EU 域外への輸出を制限する措
置が 2021 年 1 月末に導入され，その余波がワクチンの国際的サプライチェーン
の崩壊にもつながりかねない，と大きく報じられた[3]。

　このことはいわば，中央集権的な EU のシステムが，コロナ禍という予想外
の事態となった際に，「不器用な対応」（域外には好評価されない措置）となって現れ
ることを意味している。ワクチン供給の遅さにより，たとえば EU 域外のロシ
ア製のワクチンに目を向ける市民（たとえばハンガリーにおいて）も出たという。こ
のように，地域統合の中央集権的なプロセスが実際には柔軟かつ十分に速く活
用されていないという不満が地域統合を巡っては存在する。一方の ASEAN に
おいては，ワクチンはむしろ中国やインドなどの域外から輸入されることに期
待感があり，輸出規制という議論は高まってはいない。

(2) 地域統合をすり抜ける議論とアイデンティティ

　EU や ASEAN などの地域統合は時として非常に強力であるが，これらを巻き
込みながら，同じく非常に強力なさまざまな形の統合が行われている。それは
時空間の圧縮の結果であり，インターネットをはじめとするデジタルテクノロ
ジーの時代には，単に地理的な市場はもはやそれほど重要ではないことを意味

2　もちろん，英国の EU 離脱の例にみられるように，EU 本部（ブリュッセル）で発効した法
　律には従いたくないという国家レベルあるいは市民レベルの考え方も厳然と存在してはい
　る。

3　2021 年 2 月 1 日のニュース通信社 CNBC のオンライン報道 "Export Controls on Covid
　Vaccines from Europe could spark collapse in global supply, experts warn"。

している。例えばコロナ禍を受けた自宅待機の期間に，インターネットを介したチェスのコミュニティが世界中でそのグループ構築を信じられないほどの勢いで形成したように，地域統合をすり抜けるつながりが存在している。

すると，世界中に同じ興味関心（チェスであれ，ワクチン製造法であれ）を持っている人々がデジタル技術を通じて協働する可能性が高まっており，それは地域統合よりも，また場合によっては国民としてのアイデンティティと同等か，はるかに強いアイデンティティの感覚を伴う可能性すらある。地域統合は社会真理的に人々のアイデンティティのリストのはるか下にある可能性が指摘できる。

このようなアイデンティティの観点は，実は地域統合の真の課題だと思われる。基本的に，国民国家は依然として「国民」の意識が強いので，他国の利益のために何かを諦めなければならない（たとえばワクチンの海外への提供のために，国内における消費を抑制する）ことを国民に納得させるのは非常に難しいと思われる。EUはそのためにたびたび非難されている（それが正当に非難されているかどうかは判断しないが）。たとえば，2008年のギリシャ財政危機の問題が出た際，これを巡って，EUに加盟する一部の北欧諸国は，問題はギリシャ人にある（地域統合としての問題とすべきではない），という趣旨の発言を多く行った。国民国家はさらに重要であり，地域統合は国民国家と実際に一致していない。それはまさにEUにおいてもASEANにおいても顕著である。

(3) 誰のものでもない「世界」

ロロフ（Roloff 2020）によれば，コロナ禍の世界は「誰の世界（私物）でもない」のであり，政治的にも経済的にも，国家間の協力を促進し，国際的なアジェンダを設定した上でグローバルな公共財を提供する必要が待ったなしとなっている。たとえば，このパンデミックの間に私たちが必要とするものを支援したり提供したりするために名乗り出たい特定の国は世界的にない。だから，COVID-19の世界的大流行について話すとき，良い意味でも，そして協力が得られないという悪い意味でも，「誰の世界でもない」という描写は的確なものと思われる。

基本的に，それはまさに現在EUで起こっている状況と関連している。EUはもちろんその加盟国の多くが世界でも影響力のある国であるため，「グローバル

インフルエンサー国」と呼ばれることもあるが，EU はそのグローバルな役割に貢献できるであろうか。

このことを考える 1 つの事例として，EU の行動としてではないが，EU 加盟国のフランス，ドイツ，イタリア，オランダからの包括的ワクチン同盟（IVA: Inclusive Vaccine Alliance）と呼ばれるイニシアチブがある。2020 年 6 月に，IVA はワクチン製造会社（アストラゼネカ社）との契約により，ワクチン 4 億回分の共同確保を行っている。これは基本的には域内の在住者へのワクチン接種に使われるものであろうが，余剰が出れば，域外国にも提供されるものであろうか。アストラゼネカ社は関連する声明で「今回の新たな合意は，新型コロナが世界的に大流行する中，EU の全加盟国が利害を得ることなく，公平な方法でワクチンを利用できる選択肢を与えることになる」と述べており，[4] もし EU が IVA の取り組みを引き継いで他の EU 加盟国（そしてさらには EU 域外の国々）に提供を拡大することができれば，これは「公正」概念にかなったイニシアチブだと思われる。しかし現時点では，IVA の域外にも真に開かれた提供が想定されたものとはなっていない。

ASEAN は基本的に，EU とは異なる反応を示した。加盟国は，地域統合（ASEAN）よりも国家の優先事項に従って行動しているようである。ASEAN は，SARS や H1N1 型など，これまでに発生したエピデミック（もしくはより広範な感染拡大が懸念されるパンデミック）に対処する準備がある程度整っているが，COVID-19 が発生した際にも，エピデミックへの過去の対応と同様に，個々の国の政策が優勢のようであり，地域統合として本来あるべき共通の利益を見据えた活動は二の次となっている。

(4) シンガポールとカンボジアの比較

ASEAN からの例を挙げると，WHO は症例の追跡と追跡に関する積極的なアドバイスを世界的には規制しようとしていたが，シンガポールやマレーシア，カンボジアなどの特定の国では実施されている。ここでは，シンガポールとカ

---

4 Reuters, 2020 年 8 月 14 日，https://jp.reuters.com/article/health-coronavirus-eu-astrazeneca-idJPKCN25A1WT。

ンボジアの簡単な比較を行いたい。もちろん，シンガポールとカンボジアは経済・社会状況が非常に異なっていることは周知の通りである。COVID-19に対するさまざまな対処方法にあたり，カンボジアは，種々の報道を総合して考えると，国益を完全に優先しており，中国との緊密な関係を維持したいと考えていたことが浮かび上がる。カンボジアは基本的にCOVID-19のリスクを最初は過小評価し，厳格な行動をとることを拒否した。これはやはり，中国との緊密な関係を維持したかったからであろう。

　一方，シンガポールは地域のリーダーであるだけでなく，いわばグローバルなリーダーでもあるが，同国は，医療制度が弱いカンボジアのような一部のASEAN加盟国よりも，パンデミックに対して当初からはるかに慎重であったといえる。このように，ASEANにある1つのビジョン，1つのアイデンティティ，1つのコミュニティは基本的には「ユートピア」（実在しないもの）であることを示してしまったようである。

(5) 重要な懸念事項

　図7-1はコロナ禍における重要な懸念事項を示している。一番左の「ワクチン・ナショナリズム」については，前述したが，EU（構成国を含む）のワクチン製造・供給（輸出）におけるグローバルな役割，またワクチン製造のハブ（特に海外からの医薬品企業の集積拠点）としてのASEANの役割は重要な検討事項の1つである。したがって例えば，ASEANの地域企業を巻き込む形でワクチンの開発が進められることも期待できる。また「パンデミックと不平等」についても，記載されている通り，貧困，移民・難民・国内避難民，さらには女性を巡るジェンダー問題の観点から，地域統合として対応が必要な事柄となっている。ヨーロッパも成長の鈍化に直面していることは指摘できるが（特にポルトガル，スペイン，イタリア，ギリシャといった地中海諸国），ASEANにおける経済格差は，ヨーロッパよりもさらに大きいと思われる。そのため，この項目については，特にASEANが克服しなければならない。ASEANにおいても，地域統合の進展により，移民労働者の数は増加傾向にあるが，移民労働者，さらには難民，国内避難民は，ワクチン・ナショナリズムの別の問題を提起する可能性があると思わ

図7-1　コロナ禍の2021年以降を見据えた地域統合としての懸念事項

ワクチンを巡るグローバルな競争

ワクチン・ナショナリズム	パンデミックと不平等	権威主義的に公民権を制限する誘因
・EU（構成国を含む）のグローバルな役割 ・ワクチン製造ハブとしてのASEAN	・貧困状態が厳格なロックダウンの実施にあたり障害となる ・移民・難民・国内避難民の権利 ・女性（少女）に関するジェンダー問題の揺り戻し	・緊急事態の宣言 ・移動の自由の制限

出所：筆者作成。

れる。筆者の一人（ナタナリー・ポスリトン）の出身であるタイでは，ミャンマー人労働者など移民労働者の集団にワクチンを接種するかどうかについての議論はすでに多く存在し，これは「ワクチン・ナショナリズム」の主な論点となっている。それはグローバルレベルの問題だけでなく，地域統合を構成する国家間の問題でもある。

　ASEANにおいては，移民労働者だけで言っても，ASEAN周辺からのASEAN域内のインフォーマルセクターへの移民労働者は合計で約2億人に上るといわれている。つまり，フォーマルな労働システムに参加していない多くの労働者がいて，彼らが直面している状況は，現在私たちが競争しているヘルスケアやワクチンへのアクセスにより一層苦労している状況がある。これは，ASEANにおいて（そしてEUにおいても）焦点を当てるべき課題である。

　ジェンダーの後退もまた，パンデミックについて話すときに少なくともASEANの文脈では十分に対処されていない問題である。実際，少女，女性も，ワクチンへのアクセスだけでなく，封鎖中のパンデミックの影響を大きく受けた。たとえば，家庭内暴力の事例が増加しているという報告がすでにある。家庭内暴力，教育へのアクセス，特に貧困の多い地域での少女，女性。ジェンダーの後退もまた，この世界的なワクチン競争の中での課題の1つとして克服しな

ければならないものである。

　さらに「権威主義的に公民権を抑制する誘因」，すなわち緊急事態の宣言発出
や移動の自由を制限することが横行しないような配慮も必要であろう。特に国
家の「正義」が市民レベルでの真の「公正」と食い違う場合も想定されるため，
国家の安全保障としては必要であっても，いわゆる「人間の安全保障」からは
是認されない政策の実施を地域統合として抑制する有効策が必要となってくる。

　図7-1で示されるこれら3つの懸念事項が相乗効果的に作用すると，図に示
す通り，「ワクチンを巡るグローバルな競争」（悪い意味で）が起きてしまう。そ
の様相は実際にEU（IVAの事例）で観察され，ASEANでも，有効なワクチン確
保を巡る懸念が毎日の報道で表出している。

(6) 地域統合と新しい機会の創出

　地域統合が機能すると思われる唯一の方法は，それが本当に新しい機会を生
み出すこと，経済学的には，規模の経済（scale economies），あるいは社会イノベー
ション（social innovation）であろう。もちろん，ある地域統合として国家間の協力
を行う際，特定のグループの人々が他のグループよりも多くの利益を得ること
がありえる。そのため，ASEANのような比較的中央集権的な機能が低い形態の
地域統合は，とにかくこの「分配面の公正」の問題に触れないように思われる。

　しかしたとえば日本の岸田内閣が「新しい資本主義」として論じているよう
に，「成長」すなわち新しい機会の創出を伴うのであれば，いわば分配すべき
「パイ」自体が拡大することとなり，限られたワクチンの奪い合いとは必ずし
もならない。これこそが地域統合として一定の規模を確保できた場合に国家間
が協力して行うべき公正な未来社会のあり方と思われる。もちろん，ワクチン
そして医薬品の開発には，ビジネスとしての大きなリスクが伴い，成功した場
合の利益分配についても，知的財産権を巡る詳細な設計が必要であろう。本章
では，公正社会の理念を厳密に定義することをしていないが，**図7-1**に挙げた
懸念事項を地域統合として，リスクを取りつつ解決していこうとする姿勢（マ
ナー）は少なくとも公正概念の重要な一部であると思われる。多様で複雑なグ
ローバル社会においても，人情性（マナーと言い換えることもできよう）はその構成

員が緊急時であっても持とうとすべき必要な資質であろう。

4　おわりに

　本章では，コロナ禍と地域統合をめぐる哲学的・事例的な考察を行った。地域統合の経済実態に関する研究はこれまでにも数多いが（たとえば ASEAN では浦田・牛山・可部 2015; イング／リチャードソン／浦田 2020 など），「公正社会」のビジョンはどのようなものか（水島・米村・小林編 2021）といった規範的な観点を主軸とした研究は多くはないと思われる。本章ではごく初歩的ながらも，コロナ禍を受けて，自由の制限，外部性への対応，グローバルな「マナー」が必要になってくる点を事例とともに論じた。

　グローバルなマナーとして，EU と ASEAN はもちろん，グローバルに観察される地域統合（たとえばアフリカ連合 AU, 中東の湾岸協力理事会（Gulf Cooperation Council））においても，偏狭なワクチン・ナショナリズムを超えた「新たな機会」の創出への意欲がアフターコロナにおいては不可欠である。また前項で言及したように，貧困問題は地球規模でみても永続的な問題である。本章執筆時点の 2021 年末では，新型コロナウイルスの新たな変異株が報告されるたびに，厳格な都市封鎖を実施することがなされ，ASEAN の多くの地域で貧困レベルが妨げられている状況も見られる。さらに，移民労働者，難民，国内避難民などの脆弱なグループの権利は一層脇に追いやられかねない状況である。

　地域統合内部，あるいは複数の地域統合間の潜在的な協力について議論する際，そのような協力のチャンスだけでなく，リスクをも共有することが，ある種の共同体メンバー間の「自己犠牲のプール」として必要となってくる。地域統合と移民・難民・国内避難民，またジェンダー，といった具体的な課題は，一足飛びの解決策がないことはもちろんであるが，少なくとも，地域統合内部で，また複数の地域統合間で法規制を超えた「マナー」を持ち続け，利益誘導的なロビー活動を控えながら，むしろ「新しい機会の共同創出」（そこには，例えばワクチンや治療薬の国際的な共同開発も含まれる）を具体的に行うことが，コロナ禍を経た後の未来型公正社会の実現として重要と思われる。

参考文献

イング，リリ・ヤン／マーチン・リチャードソン／浦田秀次郎編，2020，『東アジアの経済統合――財・サービス・投資』勁草書房

浦田秀次郎・牛山隆一・可部繁三郎編著，2015，『ASEAN 経済統合の実態』文眞堂

水島治郎・米村千代・小林正弥編，2021，『公正社会のビジョン――学際的アプローチによる理論・思想・現状分析』明石書店

Roloff, Ralf, 2020, "COVID-19 and No One's World: What Impact for the European Union?" *Connections: The Quarterly Journal*, 19（2）: 25-37

第**8**章

ジェンダー格差の悪循環
──COVID-19 と女性とジェンダーへの影響──

アフサナ・ベゴム

1　はじめに

　パンデミックは常に男性と女性の両方に，そして最終的には社会全体に重大な影響を及ぼす。社会は時代や制度によって，常に進化し，あらゆる種類の脅威と戦うため，恒常的な存在ではない。技術の進化によって，社会に様々な可能性をもたらしている。しかし，技術やテクノロジーが進化しているこの時代において，COVID-19 が人間社会にもたらす影響が大きい。特に階層的な不平等は，明確である。COVID-19 は，ジェンダーの不平等を深刻化させている。確かに男性と女性の両方がパンデミックの影響を受けている一方，その影響は，男女に差がある。特に，女性に対する暴力は，パンデミック，自然災害および景気後退の間に増加する傾向がある（Peterman 2020）。これにより，ジェンダーの不平等は普遍的に存在する。さらに，トランスナショナル（国境を越えた）な影響がある悪循環とも認識されている（Fineman 2008）。Fineman（2008）によると，女性は無防備（生まれてから，父の権威の下におかれ，結婚してから夫の権威のもとに生活を送る）な種類で生まれ，長期的には弱い立場にいる。従って，自然災害と疫病でパニックに陥りやすいことも証明されている。実際，これは過去 2 年間のコロナパンデミックで証明されている。

　一部の反フェミニストは，コロナパンデミックが家族の稼ぎ手である男性を家事にまで広げたという新しい説を作成しようとしている。彼らは緊急事態に

より家族の男性メンバーが家事を「分かち合う（sharing）」ようになる社会はジェンダー関係に新たな転換が起こると主張している。しかし，これは男性の危機を作り出し，男性はこの危機を暴力という形で女性に発展させた，女性が社会におけるジェンダーの不平等を維持する促進要因となった。また「分かち合う（sharing）」という言葉が，家事は本来女性が行うべきという意識が潜んでいるように考えられ，家事を「分かち合う（sharing）」というような認識で広がると，問題が生じうる。このような社会認識の浸透により，女性の社会支配力にも影響を及ぼすと考えられる。女性が最高の男性支配者に同調することによって，社会における古典的な家父長制を維持した。コロナ禍中での事例がジェンダー不平等問題の要因を理解するための一助となる。

　この研究がコロナ禍におけるジェンダー不平等に焦点を当てて，コロナパンデミックがジェンダー不平等にどのように影響を与え，悪化させているかを明らかにした。また，ジェンダー不平等に関する研究はミレニアム開発目標（MDGs）と持続可能な開発目標（SDGs）という社会の基本的な目標の達成にとって不可欠であり，SDGsが掲げる17の目標すべては相互に関連している。そこで，本研究は，コロナ禍におけるジェンダー不平等の現状を把握した上で，コロナの流行によりSDGsにどのような影響を及ぼすかを分析したい。そして，最後にジェンダー不平等問題から見る公正社会のあり方について展望したい。コロナ禍におけるジェンダー不平等の状況を把握するために，本研究では，主に最新の調査で明らかになった世界各地の女性被害者の状況や筆者が独自に実施した小規模な国際インタビュー調査の結果を中心に議論を進めたい。

2　コロナ禍のジェンダー不平等

(1) 家庭内の暴力

　感染拡大防止のために多くの国がロックダウンを導入し，何ヶ月も国境を封鎖し続けたが，女性と少女に対する暴力の封鎖には繋がらなかった。この前例のないパンデミックの状況では，家は最も安全な避難所であると考えられている。しかし，多くの女性にとって，家は安全な避難所にはならなかった。それ

どころか，女性に対する家庭内の暴力は防ぐこともできなかった。紛争，暴動，戦争，自然災害などが発生した場合，女性と子供が最も危険にさらされ，彼女や彼らに対する暴力もより蔓延する。コロナウイルスの流行は，社会的距離を悪用されることで，男性から女性への抑圧が高まりつつある。一方，このような事情があまり報道されていない。特に南アジアでの家庭内暴力のほとんどの事件は報告されていない。その理由として，家庭内暴力の加害者は被害者の親族であり，縁を切ることを決める場合以外，被害者が家庭内暴力を耐え続ける傾向が挙げられる[1]。

(2) 女性の従属的な立場

「この1年間の緊急事態により，私は自分の家で夫の性奴隷になりました」とバングラデシュの被調査者が告白した。最近のパンデミックがジェンダーの不平等における品性を欠いた一面が明らかになった。彼女によると，パンデミックによる緊急時期に彼女の夫は何ヶ月も家にいた。そして，外出が制限される中，彼女の夫にとって，性行為は彼の唯一の娯楽とリフレッシュの手段となった。この女性は，自分の夫が性行為を主張するたびに，その欲求に応えなければならなかった。これは，長年のジェンダーの不平等に似た顕著な結果の1つであり，女性は主体性を否定され，従属的な立場に置かれた（Spivak 1988）。コロナの流行は女性を「異質」な対象にし，限界はより限界になり，貧しい人々はより貧しくなっていくように思われる。

Lerner（1965）によると，被害者が自分の不幸に責任を負うことは，この時代において社会的真理となっているようだが，それは本当であろうか。本章で記述したような内容は，コロナ禍での家庭内暴力問題（DV）は，ネパールやバングラデシュのような途上国だけではなく，日本やアメリカにおいても起きている。つまり，女性の脆弱性が先進国と途上国のどちらにおいても深刻化している。コロナによる経済危機に直面して，途上国の女性らは，あらゆる業種の仕事に従事すること，または低賃金で働くことに抵抗しない。これに対して，先

1　家庭内暴力は，大きく身体的，精神的・心理的，性的，経済的，社会的隔離，子供を使った暴力の6つに分けることができ，本章における事例はこれらのいくつかに該当する。

進国の女性らは，比較的抵抗しているように見える。

　そのため，コロナ禍において，多くの先進国の女性らは仕事を失い，所得を生み出す立場から，単純な消費者となった。これによって，社会経済活動において，その流動価値がなくなった。さらに，雇用側は女性より男性に高い賃金を払いたがる傾向があり，これにより男性と女性の経済格差も深刻化させている（調査結果）。これらの要因が相互影響した結果，2020 年 3 月で，オーストラリア，イギリス，アメリカで起きた女性に対する暴力の犯罪率は，前年比（2019年 3 月）で驚くほど増加した（UN Women 2020）。さらに，成年女性だけでなく，未成年の少女たちへの性暴力も増えている（UN Women 2020）。その中，最近インドでは，小児愛は性的指向であり，法律上では処罰される対象にすべきではないという主張もある。さらにインドの状況を見ると，インドでは多くの売春宿が存在しており，男性からの需要も高い。しかし，コロナが流行となり，感染防止のためにすべての売春宿が閉鎖され，これまで売春宿に需要があった男性の一部は，その需要を満たすために，家族の未成年の少女たちへ転嫁したことが起きている。一方，これらの被害少女たちは，自分自身で性的暴力を公に告白できず，自殺に至った事例も少なくない。

(3) 女性の抱える三重の負担

　コロナ禍により，女性は家庭の中で主に以下の三重の負担を担っている。まず，第一には，経済的な負担である。コロナ禍で職を失った女性もいれば，低賃金で働くようになった女性もいるためである。第二には，介護の負担である。これは面倒を見る必要がある未成年がいる家庭の女性を中心に起きている問題である。感染拡大防止のために，保育園や学校が閉鎖され，子供の面倒を見る時間が増えているためである。第三には，出産の負担である。男性による性的暴力の増加により女性の妊娠が増えている。特に未成年少女の妊娠が問題となっている。

2　小児性愛は精神障害である場合は，児童に主要なまたは唯一の性的魅力を持つと主張している。

(4) 医療サービスとジェンダー

　もう 1 つ注目すべきは，コロナ禍の中，ほとんどの病院はコロナ患者の受け入れを優先した一方，男性の性欲が満たされるための妊婦たちは通常通りの医療サービスを受けることが困難となった点である。実は，妊娠したからといって女性が病気になったわけではないという社会認識がある（Leifer 1980）。例えば，バングラデシュのダッカ出身の被調査者によると，「自宅で拷問を受けた後，病院で治療を受けることさえできなかった。病院は新型コロナウイルス以外の症例を受け入れていないからだ」と語った。このように，コロナ禍の中において，女性はより弱い立場になって，出産による死亡のリスクが増えた。

　インドでは，女性の 2 人に 1 人が DV の被害者がいるともいわれている[3]。コロナの影響より人々は外出することを控えることにより，家族と一緒にいる時間が増えている。つまり，DV の被害者は加害者と一緒にいる時間が増えている。他方，コロナの影響により収入が減少したり，ゼロになったりすることで，多くの家庭は潜在的な食糧不安や突然の景気後退などの経済不況に直面している。このような厳しい現状は，DV 発生の可能性を増加させる要因となりうる。

(5) 離婚，家庭内労働，DV

　家族全員がほぼ毎日 24 時間，同じ部屋で生活し，衝突することも増えている。そのため，離婚報告も増加している。英国で有名な法律事務所であるスチュアートによると，2020 年 7 月〜 10 月の 4 ヶ月の離婚相談の案件が前年比 22% 増加した。感染防止拡大のため，外出を控える人々は，オンラインでの法律顧問を積極的に利用している。米国では，法律契約を作成する主要なサイトでは，最近，離婚協議による売上が前年比 34% 増加したと発表した。似たような状況は，中国やスウェーデンなどほかの国でも見られるようである。

　世界規模で見ると，看護業に従事する人の 8 割は女性であり，その多くの女性は家族の世話もしている[4]。自宅や職場で一般の人より人と接する機会が多いため，感染するリスクも高い。一方，比較的患者との接触が少ない医者の多く

3　Violence against Women: WHO（March 2021）.

4　WHO 2019, National Health Workers Accounts for 91 Countries.

は男性である。前述したように，コロナ禍の中において，DV の発生も増加しており，性暴力の被害者の一部は妊娠することもある。このように，感染防止拡大対策として実施した外出制限やロックダウンなどは，世界の女性たちの経済，精神，身体などの面に悪影響を及ぼしかねない。看護業のほかに，非正規雇用労働者に占める女性の割合も高い。例えば，低所得国と中所得国では，働く女性の3分の2が非正規雇用労働者である（UN Women 2021）。失業による収入の損失は永久的なものである。不況時にはその損失はより深刻である（Stevens 1997; Davis and von Wachter 2011）。さらに，一度失業した労働者は将来安定の職に就く可能性は低い（Jarosch 2015）。このように，一時の失業による個人の経済への影響が長期化することとなりうる。これも女性の脆弱性を増大させる要因の一つである。

コロナ禍の中における DV の現状について，Bradbey-Jones and Isham（2020）によると，家庭，職場，教育，さらにはソーシャルメディアなど，あらゆる社会的機関において，DV の加害者に大きな自由を与え，世界各地でコロナ禍の中で DV が増加する傾向が見られる。例えば，オーストラリアでは，コロナ以前と比較して，国全体の犯罪率は減少したのに対して，DV の発生が 5% 増加した。米国の状況を見ると，州ごとに約 21 ～ 35% DV 事件の発生が増加していると報告されている。英国でも DV の増加が懸念されている（UN Women 2021）。

インド新聞（Indian Express 2021）によると，夏の気温が上昇したこと，感染防止における手洗いの重要性が強調されることと，在宅時間が増加したことなどにより家庭用水への需要が増加した。しかし，インドでは先進国のように水を供給するインフラが完備されておらず，水を販売する業者から調達しなければならないことがしばしばある。家庭用水を確保するために，多くの女性が外出し，水を待つ行列に並ばなければならない。その待つ時間がとても長く，よって，時々待っている時に，男性からのセクハラを受ける。他方，デリーに本部を置く NGO Chandra によると，DV 被害者の救助要請に関する電話番号の検索件数は，コロナ以前と比べて，50% 減少した。この状況について，Chandra の担当者は，これは被害者が外部に救助を求めることが自宅にいる加害者に知られることを恐れているのではないかと推測している。また，被害者の携帯電話

やインターネットへのアクセスを加害者が制限している可能性も考えられる[5]。

(6) 強制労働とジェンダー

インドではさらに恐ろしい女性への暴力・DV が起きている。インドのウッタル・プラデーシュ州では，貧しい部族は生計のために，家族の 12 〜 14 歳の娘を強制的に不法鉱山で働かせている。労働を強要された少女たちは，抵抗する余地がなく，同意しないと山から落とすように脅されたためである。また，どのくらいの少女たちが強制的に結婚させられ，どのくらいの少女たちが人身取引されているかを計算するのは難しい。このように，彼女らは最も親しい人である自分の家族から安全を奪われた。インドでは封鎖の最初の週では，女性に対する DV 事件がほぼ倍増した。トルコでは，政府が国民に自宅待機を要請して以来，他殺率が上昇し，南アフリカでは封鎖の最初の週に少なくとも 9 万件の DV 事件が報告された。オーストラリアでは，女性から政府へのオンライン支援の申請率はコロナ以前比 75% 増加した[6]。

(7) 女性に対する暴力とコロナ禍

Peterman（2020）によると，女性に対する暴力が，流行，自然災害，および景気後退の間に増加する傾向がある。Wenging（2020）の研究によると，中国，オーストラリア，ブラジル，イギリス，米国の女性に対する暴力の割合は，調査を実施した 2020 年の前年と比べて驚くほど増加した[7]。イギリスの大手新聞社である The Guardian（2021）によると，イギリスで実施したロックダウンは，女性に対する暴力，児童虐待，家庭内暴力の増加につながったと非難している。また，フランス内務大臣のクリストフ・カースト氏は，フランスのいくつかの警

5　Chandra J. COVID 19 Lockdown Rise in Domestic Violence, Police Apathy: NCW. The Hindu;（2020, April 2）. Retrieved from: https://www.thehindu.com/news/national/covid-19-lockdown-spike-in-domestic-violence-says-ncw/article31238659.ece

6　Sanjida A. Corona Kaleo Rehay Meleni Narider: Daily Amader Shomoy;（2020, July 19）.［In Bangla］Retrieved at: https://www.dainikamadershomoy.com/post/267879

7　Mohamariteo Narir Mukti Nei［In Bangla］2020, Bangla News 24; Retrieved at: https://banglanews24.com/opinion/news/bd/787225.details

察署での DV に関する苦情の数は，封鎖を実施して以来 30％増加したと指摘した。

　バングラデシュ国内でコロナの期間中における DV の実態について，公式な報告書が発行されていないため，その実態を明らかにするには，バングラデシュ国内の主要な日刊紙 5 社の記事内容を分析することにした。資料の収集期間は 2020 年 3 月 20 日から 4 月 20 日に限定した（新聞 5 社：Daily Prothom Alo, Daily Star, Shamakal, The Independent, New Age）。その結果，レイプ，ダヘーズをめぐるトラブル，セクハラ，DV，自殺などが多くあった。そのうちレイプの発生率が比較的高く，被害者の 70％ は未成年女性だった。3 月 26 日から 4 月 4 日までのわずか 10 日間に，ダッカ市内では 26 件のレイプ，ダヘーズトラブル，セクハラ，誘拐事件が発生し，36 人の加害者が逮捕された。このうち，9 件はレイプで，6 件はダヘーズを強要することに起因した暴力事件であった。一方，バングラデシュでは女性が被害者となっている暴力事件がコロナ以前にもあった。その実態（2019 年）について，バングラデシュの法律支援 NPO Bangladesh Mahila の報告書（2020）に記載されている。[8] NPO「行動援助」の Hasnabad Hingalganj ムスリム女性団体の活動家によると，数日前に西ベンガル州の北 24 パルガナスで，失業中の男性が 13 歳の娘と強引に結婚し，妊娠 7 か月の妻は彼に家を追い出されたという報告もあると指摘した。[9]

　女性は夫や隣人，60 歳以上の高齢者，通行人，同級生など様々な人から暴力を受けている。暴力の発生地を分析すると，農村部でより多くの暴力事件があったが，都市部でも起きていることがわかる。さらに，暴力を受けた女性の多くは，中下層や貧しい女性であることが知られている。例えば，裁縫，メイ

8　Harun, R. April 2020 2019 Shale Dhorshon Bereche Digun［in bangla］, retrieved at: https://www. dw.com/bn/%E0%A7%A8%E0%A7%A6%E0%A7%A7%E0%A7%AF-%E0%A6%B8%E0%A6% BE%E0%A6%B2%E0%A7%87-%E0%A6%A7%E0%A6%B0%E0%A7%8D%E0%A6%B7%E0% A6%A3-%E0%A6%AC%E0%A7%87%E0%A7%9C%E0%A7%87%E0%A6%9B%E0%A7%87- %E0%A6%A6%E0%A7%8D%E0%A6%AC%E0%A6%BF%E0%A6%97%E0%A7%81%E0%A6 %A3/a-51887718

9　Corona Virus Jevabe Varoter Nari-Shishuke shohingshotar mukhe felche［In Bangla］.（2020, August 6）Retrieved at: https://www.bbc.com/bengali/news-53680905

ドなどより暴力を受けるリスクが高いとされる。国によっては女性の自殺も増えている。その理由は，レイプや嫌がらせに起因する自殺もあれば，義理の母との口論に起因する自殺もあり，また 10 歳の子どもが食事不足で自殺することも起きている。さらに，高額なダヘーズを要求する嫌がらせや夫の殺人事件などもあった。

　これらの事例は，様々な国でのジェンダー不平等の様子を生々しく伝える。さらにインドのジャカンド州出身の未成年の女性によると，「うちには食べ物がなく，3 人姉妹と 2 人兄弟がいます。私の父はいつも酔っ払っています。コロナの影響で母は失業しました。だから，父は私と私の姉妹 2 人を強制的に風俗業仲介人に送ったんです」。対象化理論（Fredrickson and Roberts 1997）によると，女性の身体が性的対象化される社会文化の背景において，女性の体はいつも 1 つの物のようで，何もすることがない時，体を売ることができる。このような考えも成年及び未成年女性をコロナ禍の中において，脆弱にさせる。フランスのグルノーブル出身の被調査者は，自分の状況について「夫は原子力委員会に勤めています。コロナウイルスが流行して以来，彼はずっと在宅勤務をしています。彼は私に対して暴力的な振る舞いが目立つようになりました。そのせいで，ここ数日で DV の回数は 32% 増加しました」と述べた。ここでは家におけるパノプティコン（Panopticon: 全展望監視システム）について紹介しておこう。コロナ禍におけるパノプティコンは，在宅勤務の男性従業員（夫）が会社から遠隔監視され，その男性従業員である夫が自分の妻を監視する（仕事の邪魔にならないように注意したり，妻の行動を注目したりすることなどを意味する）という概念で，現代では夫の会社と夫の二重パノプティコン主義より女性が監視・支配されている。

3　日本におけるコロナ禍，国連の SDGs とジェンダー問題

(1) バトラーの理論と日本におけるジェンダー問題

　身分の変化が問題の所在であるという仮説を提唱したバトラーの理論より，日本における移民の女性についても言及したい。すなわち移民女性たちの多くは，職を失ったことによって，「従順な体」（Foucault 1977）になったといえる。移

民の女性の多くは，様々な移民先で介護やその他の非正規労働者として勤務している。彼女らは家族の男性に依存する。従って，コロナパンデミックの期間中に，多くの移民が仕事を失ったことにより，無数の家庭でコロナ経済危機が起きている。移民家庭の男性らは何らかの手段によって移民として移民先に滞在しようとしている一方，女性と子供は家庭内の男性に依存しており，収入がない妻や子供たちを祖国に帰させた人もいる。これが従順な体という概念の事例である。

　横浜市出身の被調査者は自分が直面しているジェンダー問題について，以下のように述べている。「私は日本で有名な会社に勤めている。コロナ禍の初期頃に，私の会社では従業員の40%が出勤することを決めたが，60%の社員は低い賃金で在宅勤務が要求された。私はこの60%の1人です。私は女性なので，このような不公平な待遇について発言権はありません」。

　彼女は女性であるという理由だけで，低い利用能力と低スキルを持っていると推定される，女性を仕事から排除することは会社をより強力にし，強くなるという意識がのぞかれる（Connell 1995）。

(2)「男性の危機」

　「男性の危機」も家庭内で増加している。例えば，日本では，自国または日本政府の奨学金を受けて勉強している留学生の女性がいる。彼女たちの夫の多くも日本に来ており，コロナ以前では，アルバイトや契約社員などの形で収入を得ている一方，コロナ禍で一部の人が職を失い，妻の奨学金に頼らなくてはならないような立場になった。家族を養う人が妻となったこの事実が一部の男性にとって，「男らしさ」（適切な表現ではないが）が問われる危機となった。

　前述したように，DVの様相は国によって異なる。国連の報告書（UN Woman 2020）は，その点を明らかにした。例えば先進国とされるシンガポールでは，感染拡大防止のためにロックダウンが導入され，DVに関する報告は33%増となった。また，キプロス，フランス，アルゼンチンではそれぞれ約35%の増加と報告されている。

　UN Women（2020）によると，世界中で7億4300万人の女子児童が新型コロナ

の影響で学校を中退した。いくつかの国では，感染拡大防止のために学校を閉鎖したが，約6ヶ月の閉鎖を終えて，多くの男の子が学校に通うようになった一方，家族の経済危機を緩和させるために，多くの女の子が結婚させられたり，セックスワーカー（性労働者）に強いられたりなどで，学校に戻ることができなかった。筆者のインタビューしたインドのカルカッタ出身の少女は，まだ16歳で，インドの法律によれば，まだ結婚年齢に達していなかった。しかし，彼女の両親はコロナによる経済負担を緩和するために，彼女に結婚を強要した。嫁ぎ先も裕福な家庭ではなく，インド人女性として，離婚を求めることもできないと述べている。

(3) 持続可能な開発目標（SDGs）とコロナ禍

　社会は経済，政治などの集合であり，SDGsで掲げる17つの持続可能社会の目標は，現在世界における国の地域を評価する重要な指標となっている。これら17つの目標は，それぞれ独立しているわけではなく，お互いに密接している。コロナ期間中において，SDGsの女性に関連する目標と比較して，現実では女性たちが苦しんでいる。コロナの影響によって女性がより脆弱になり，2030年までにこれらの持続可能な開発目標を達成することはほぼ不可能と言えよう。「1 貧困をなくそう」を見ると，世界で1億9300万人の女の子が1日1.90ドル以下で生活することになっている。女性はもともと世界経済の中で比較的貧しい方であり，コロナの影響で職を失い，他人に依存するようになった。基本的な義務教育を受けるべき女性学生が家族に学校を中退させられたことにより，将来さらに貧困となりかねない。学校を中退した女性学生のうち，一部の人がセックスワーカーとして働くようになっている一方，その収入の大半が風俗業の仲介人や自分の家族を養うために使用されている。所得のうち自分のためにいくら残せるだろう。「2 すべての人に健康と福祉を」について，世界中毎日810人の女性が妊娠や出産のために死亡するという話題において議論された。最も本テーマと関連する「5 ジェンダー平等」について，7億5000万件のセクハラや性的暴力などが含まれており，1200万人の女の子が18歳までに結婚している。これはコロナ期間中における女性の実態である。彼女たちは基本的には自分の

家庭の男のために働いているだけで，何かあれば標的にされる。これが，現代社会における規律と罰の役割である（Foucault 1975）。

　最後に，「6 安全な水とトイレを世界中に」を念頭に，現状を見ると，生理中の衛生管理が不十分な女性は 3 億人もいる。先進国とされる日本でも，このような実態がある一方，社会から彼女たちの生理衛生問題への関心が低い。さらに，日本では生理による体調不良などで働くことが困難な場合に，休暇がとることが可能となっている「生理休暇」制度が労働基準法の 68 条より定められている。しかし，これを利用した女性は 1% 未満の低い水準にとどまっている。その理由は，彼女らは休暇をとることによって仕事を失うのではないかと恐れているためである。つまり，このルールは実行すらできないのである。すると，ストレスやハラスメントの状況になってしまう。

4　おわりに

　コロナ期間中において，女性が直面した問題はほとんど解決されておらず，説明すらされていないように筆者は思う。最も重要な政治家や弁護士の多くは男性であるためと思われる。女性は明らかに男性にも奉仕しており，女性自身のことよりも男性のことを優先的に考える。これらの一連の問題を解決するには，「公正社会」を構築する必要があり，さらに，グローバル・パートナーシップを通じて連携すべきである。持続可能な開発目標の実現に向けて，一つの目標の実現はさらに別の目標の実現と繋がる。

　社会は家族から始まるすべての制度を含む完全な構造である。コロナパンデミックは移民と男らしさの危機を増大させ長い間女性に対する脆弱性をもたらした。またコロナパンデミックがいかに女性の生命に危険をもたらすかを示す象徴的なイメージである。同様に，世界，国，地域のレベルで実施されている政策や施策を含め，パンデミックとその影響を研究する際に，ジェンダーの視点を用いる必要がある。これは特に女性が脆弱な社会的弱者や資源に乏しいコミュニティにおいて重要であるため，公衆衛生の分野では，既存の保健と社会サービスが女性の独自のニーズを維持するのに役立つことを保証する必要があ

る。また，非正規労働者のサポート，保護，知識の習得や把握などが保証されることも重要である。そして，国際的な「公正社会」の構築を通じて，国際的なプラットフォームを通じて女性の社会的認知度，すなわち姉妹関係を確立することは，性別のステレオタイプと差別を減らす最大の可能性である。国際的かつ公正な女性組織の構築が，ジェンダーの固定観念や差別を減らすための有効な方法と考えられる。

（張暁芳訳，石戸光監訳，編者による内容確認）

参考文献

Albanesi and Stefania, 2020, *Changing Business Cycles: The Role of Women's Employment*, NBER Working Paper

China Center for Disease Control, 2020, *Vital Surveillances: The Epidemiological Characteristics of an Outbreak of 2019 Novel Coronavirus Diseases（COVID-19）*, China CDC Weekly, 2: 113-122

Sena, C. and H. Dalgic, 2020, *The Emergence of Procyclical Fertility: The Role of Gender Differences in Employment Risk*, CRC TR 224 Discussion Paper Series No. 142

Connell, R. W., 1995, *Masculinities*, pp.122-127

Chakraborty, C., 2017, *Mapping South Asian Masculinities: Men and Political Crisis*, pp.166-172

Chomsky, N., 1980, *Rules and Representation*, Cambridge University Press

Datta, A., 2020, "Patriarchal bargains and a triple bind: On writing geographies of gender in India," *Handbook on Gender in Asia*, pp.14-15

Davis and Von. W., 2011, *Recessions and the Costs of Job Loss*

Edley, N. and Wetherell, M., 1995, *Men in Perspective: Practice, Power and Identity*

Fineman, Martha A., 2008, *The Vulnerable Subject: Anchoring Equality in the Human Condition*, Yale Journal of Law and Feminism

Foucault, M., 1977, *Discipline and Punish: the Birth of the Prison*, Pantheon Books

Foucault, M., 1968, *Biopolitics and Biopower*, pp.142-144

Gallen, Y., 2018, *Motherhood and the Gender Productivity Gap*, Unpublished Manuscript, University of Chicago

Goldin, C., 2010, *How to achieve gender equality*, The Milken Institute Review, pp.24-33

Humphreys, K. L., Myint, M. T., Zeanah, C. H., 2020, *Increased Risk for Family Violence During the COVID-19 Pandemic, Pediatrics*

Lerner, M. J., 1965, *Evaluation of performance as a function of performer's reward and attractiveness. Journal of Personality and Social Psychology*

Peterman, 2020, *Epidemics and Violence Against Women, Center for Global Development*, Washington

Singh, R. and R. Adhikari, 2020, *Age-structured impact of social distancing on the covid-19 epidemic in india*

Sanz-Barbero, B., Lopez, Pereira P., Barrio, G., Vives-Cases, C., 2020, *Intimate partner violence against young women: prevalence and associated factors in Europe*, J Epidemiol Community Health

Spivak, G., 1988, *Can the Subaltern Speak?* Columbia University Press

The Life Project, 2020, Why the pandemic is causing spikes in break-ups and divorces, BBC, https://www.bbc.com/worklife/article/20201203-why-the-pandemic-is-causing-spikes-in-break-ups-and-divorces

UN Women, 2020, How COVID 19 Impacts Women and Girls, https://interactive.unwomen.org/multimedia/explainer/covid19/en/index.html?gclid=EAIaIQobChMI_abcs9CQ9AIVClZgCh0BQgSCEAAYASAAEgLjsfD_BwE

WHO, 2019, Gender equity in the health workforce: Analysis of 104 Countries, https://apps.who.int/iris/bitstream/handle/10665/311314/

WHO, 2013, *Global and regional estimates of violence against women: prevalence and health effects of intimate partner violence and non-partner sexual violence*, World Health Organization

Vishwanath A. Can't wash it away: The pandemic has forced us to discuss water security in India and understand its links to health, gender rights etc. The Indian Express;（2021, June 10）Retrieved from: https://indianexpress.com/article/opinion/columns/water-security-covid-19-wash-india-7353360/

Sanjida A. Corona Kaleo Rehay Meleni Narider: Daily Amader Shomoy;（2020, July 19）.［In Bangla］Retrieved at: https://www.dainikamadershomoy.com/post/267879

Grierson J Calls to domestic abuse helpline in England up by 60% over past year, This article is more than 11 months old. The Guardian;（2021, March 23）. Retrieved at: https://www.theguardian.com/society/2021/mar/23/domestic-abuse-covid-lockdown-women-refuge

Bradbury-Jones C., and Isham L., 2020, The pandemic paradox: The consequences of COVID-19 on domestic violence, J Clin Nurs

Fredrickson, B. L., and Roberts, T., 1997, Objectification theory: Toward understanding women's lived experiences and mental health risks, *Psychology of Women Quarterly*, 21, pp.173

Jarosch, 2015, iSearching for Job Security and the Consequences of Job Loss, mimeo

Leifer, M., 1980, *Psychological effects of motherhood*, Praeger, p.230

Stevens, Ann Huff, 1997, Persistent Effects of Job Displacement: The Importance of Multiple Job Losses, *Journal of Labor Economics*, 15, no.1 Part 1, p.165

The Guardian, Calls to domestic abuse helpline in England up by 60% over past year, March 2021, Retrieved at: https://www.theguardian.com/society/2021/mar/23/domestic-abuse-covid-lockdown-women-refuge

WHO, March 2021, Devastatingly pervasive: 1 in 3 women globally experience violence; Retrieved at: https://www.who.int/news/item/09-03-2021-devastatingly-pervasive-1-in-3-women-globally-experience-violence

第 9 章

コロナ後のグローバルな経済協力の課題と可能性
——東アジアを中心に——

韓　葵花

1　はじめに

　日本では新型コロナウイルス感染症 (COVID-19) による，今年に入って第 3 回目の緊急事態宣言が 2021 年 10 月 1 日に解除された。7 月 12 日から延長，再延長を経て 2 カ月半ぶりの解除となる。首相官邸によると 11 月 25 日現在日本では 76% の人口がコロナワクチンの接種が完了し，ワクチン効果でコロナ感染者[1]が急激に減り，一日の感染者は 100 人以下にまで下がった。規制の緩和により Go To トラベルの全国的な再開などの政府の経済支援策が発表されている。ところが，海外において米国が 10 万人ほど，ドイツが 5 万人ほどなど，先進国でさえ未だにパンデミックの厳しい状況であり，収束が見えない。

　コロナ以外にも，2018 年の米トランプ政権の「自国ファースト」にはじまった保護主義と貿易摩擦，「米中貿易戦争」という懸念される単語が生まれることになった。アメリカは中国をはじめ，日本や韓国，EU など貿易赤字相手国や地域に追加関税を実施したが，例えば中国のハイテク製品などに 25% に引き上げた。また追加関税を受けた国は中国をはじめ，日本以外のほとんどの国が米国に対し報復関税で対応してきたが，3 年過ぎでも米中は協議中である。国際通貨基金 (IMF) は米国と中国が互いにすべての物品に 25% の追加関税を実施する

1　首相官邸 HP の「新型コロナワクチンについて」による (https://www.kantei.go.jp/jp/headline/kansensho/vaccine.html)。

と，米国の実質国内総生産（GDP）は 0.6％が，中国の GDP は 1.5％が，世界全体の GDP は 0.2％が下がると予測している[2]。2021 年 11 月 16 日にバイデン大統領と習近平主席による初めての米中首脳会談が行われた。今回の米中首脳会談が今後行われる通商協議でプラスになることを期待したいが，米中貿易戦争が米中の二国間を大きく超えて世界経済に与える影響は大きい。去年の 7 月 1 日に日本の経済産業省が発表した対韓輸出管理上のカテゴリーの見直し，それに続く 7 月 4 日からのフッ化ポリイミド，レジスト，フッ化水素の輸出規制に伴い，それまで米中貿易摩擦で影響を受けてきた日中韓は更なる問題点に直面することになった。

貿易摩擦の最中に起きたパンデミック，この 2 年間，パンデミックの中で経済活動は不確実性が高まり，日本のみならず，世界経済においても経済成長は急激に低下した。とりわけ 2020 年は中国などの一部の国を除いてマイナス成長をしている。

世界的パンデミックの先はまだ見えず，引き続き大きな問題になっている。コロナ禍でも経済は少しずつ回復しているが，コロナ後の経済成長の為にはグローバルな経済協力の重要性と必要性が高まっている。

2　東アジアにおける経済と貿易の現状

東アジアには日本をはじめ，中国，韓国など世界経済の GDP の割合が高い国が多い。2019 年の世界経済で日本は 5.8％，中国は 16.4％，韓国は 1.9％ を占め，上位 1 位の米国（24.5%）よりは少ないが，GDP の順位は日本が 3 位，中国が 2 位，韓国が 11 位となっている。

2020 年，世界経済はコロナのパンデミックの影響で経済規模が縮小され，ほとんどの国の経済成長率はマイナスになった。**表 9-1** は，国際通貨基金（IMF）の経済成長率の見通しである。各国における経済成長率は 2020 年において減少が目立つ。世界経済が 3.2% 減少，日本が 4.7% 減少，韓国が 0.9％減少，中国

2　産経ニュース「米中『関税戦争』は世界経済に重し 米企業も負担増，消費に冷や水」2019 年 5 月 10 日，https://www.sankei.com/economy/news/190510/ecn1905100031-n1.html。

表9-1　IMFの東アジア主要各国における経済成長率（実績と予測）

（単位：%）

	2018年	2019年	2020年	2021年（予測）	2022年（予測）
日本	0.3	0.0	△4.7	2.8	3.0
中国	6.6	6.0	2.3	8.1	5.7
韓国	2.9	2.2	△0.9	4.3	3.4
（米国）	2.9	2.2	△3.5	7.0	4.9
世界	3.6	2.8	△3.2	6.0	4.9

注：単位は％。
出所：IMF「世界経済見通し」各年版より筆者作成。

が 2.3% 増加で，前例がない。

　コロナ後の経済成長は，各国において様々である。IMF は，2021 年の世界経済を 6.0%，2022 年の世界経済を 4.9% 上昇すると予測している。2021 年予測は 2020 年の反動で高い成長を予測しているが，今後の回復の状況次第だ。

　次に，貿易について観察する。**表 9-2** は 2018 年から 2020 年まで，世界貿易における各国の輸出入の割合とランキング，伸び率である。2019 年と 2020 年の輸出と輸入は，中国の輸出を除いてすべて伸び率がマイナスである。世界貿易の輸出の伸び率は 2018 年の 10.2% から 2019 年にマイナス 2.8%，2020 年にマイナス 7.4% までに下がった。日本は世界輸出において 3.8% という割合で貢献し，その数値は大きな変化はないが，伸び率が 5.7% からマイナス 9.1% に減少する。そのゆえに世界輸出国の順位も 4 位から 5 位に変化した。中国の輸出の割合は世界の 12.7% から 14.7％に徐々に増加し，世界輸出国の順位で上位 1 を継続している。中国の輸出の伸び率は 2019 年にプラスではあるが 0.5% しかなく，2020 年には 3.6% まで回復している。この中国の回復はロックダウンなど厳しいコロナ対策で国内経済が早く回復したからである。韓国の輸出の割合は 3.1% から 2.9% に減少し，順位も 6 位から 7 位に変化した。2019 年と 2020 年において中国の輸出の小さな増加を除いて，世界貿易も各国の貿易も経済規模が縮小された。

　最後に東アジアの経済規模が大きく，貿易の主要国である日本，中国，韓国の貿易について具体的にみる。**表 9-3** は日本と中国，韓国の貿易主要相手国の

表9-2　世界貿易における各国の輸出入の割合と順位および伸び率

	2018年						2019年						2020年					
	輸出			輸入			輸出			輸入			輸出			輸入		
	割合(%)	上位	伸び率(%)	割合(%)	上位	伸び率(%)	割合(%)	上位	伸び率(%)	割合(%)	上位	伸び率(%)	割合(%)	上位	伸び率(%)	割合(%)	上位	伸び率(%)
日本	3.8	4	5.7	3.8	4	11.4	3.7	5	△4.4	3.7	4	△3.7	3.6	5	△9.1	3.6	4	△11.9
中国	12.7	1	9.9	10.8	2	15.8	13.1	1	0.5	10.8	2	△2.7	14.7	1	3.6	11.5	2	△1.0
韓国	3.1	6	5.4	2.7	9	11.9	2.9	7	△10.4	2.6	9	△6.0	2.9	7	△5.5	2.6	9	△7.1
米国	8.5	2	7.6	13.2	1	8.5	8.6	2	△1.3	13.3	1	△1.8	8.1	2	△12.9	13.5	1	△6.2
世界	100.0		10.2	100.0		10.3	100.0		△2.8	100.0		△2.8	100.0		△7.4	100.0		△7.6

注：2018年〜2020年。
出所：WTO データから筆者作成。

表9-3　2019年日本，韓国，中国の主要相手国別貿易額と割合（単位：100万米ドル）

相手国	貿易額	割合(%)	上位
中国	303,892	21.3	1
米国	221,676	15.5	2
韓国	75,894	5.3	3
日本貿易	1,426,492	100	

相手国	貿易額	割合(%)	上位
中国	243,431	23.3	1
米国	135,704	13	2
日本	75,999	7.3	3
韓国貿易	1,045,435	100	

相手国	貿易額	割合(%)	上位
米国	541,820	11.9	1
日本	314,747	6.9	2
韓国	284,538	6.2	3
中国貿易	4,567,520	100	

出所：『世界の統計 2021』から筆者作成。

上位3である。日本の貿易の主要相手国は中国・米国・韓国であり，韓国の貿易の主要相手国は中国・米国・日本であり，中国の貿易の主要相手国は米国・日本・韓国である。日本，中国，韓国は相互に上位3に入る主要貿易相手国であり，隣国であるので貿易コストの中で輸送費が有利になる。さらに，日中韓では地域のバリューチェーンが形成されていて，産業内貿易が多く，日本・中国・韓国は相互に緊密な経済関係にあると言える。

　貿易，特に輸出の増加は，保護主義などで高まる貿易障壁が問題になる。保護主義，世界的パンデミックのなかで，縮小した経済，貿易のためには経済協力が必要になるが，次の第3節では経済統合による経済協力，第4節では経済統合以外の経済協力について検討する。

3　東アジアにおける経済協力 (1)：経済連携協定 (EPA)，自由貿易協定 (FTA) の可能性と課題

　経済統合には色々なレベルがあるが，本章では自由貿易協定 (FTA) について考える。FTA は加盟国の間で関税を撤廃する目的で締結するが，各国は関税譲許表に基づいて徐々に関税を撤廃するか，引き下げていく。公正なルールを作り，そのルールの下で貿易障壁を無くして，貿易を拡大し，経済活性化を図る。FTA の効果は，「静態的効果で，貿易創造効果，貿易転換効果，交易条件効果があり，動態的効果で市場拡大効果，競争促進効果がある」(阿部・石戸 2008: 92)。FTA の関税撤廃により，加盟国の域内貿易が拡大し (貿易創造効果)，市場が拡大し規模の経済が働けば価格の引き下げが実現可能になる (市場拡大効果)。

　FTA は 2000 年代からはじまるが，最近はメガ FTA が主流になっている。日本では経済連携協定 (EPA) の方が多い。東アジアでのメガ FTA は地域的な包括的経済連携 (RCEP)，環太平洋パートナーシップ (TPP)，協議中の日中韓 FTA 交渉をあげることができる。

(1) 地域的な包括的経済連携 (RCEP)

　RCEP は 2012 年 11 月に交渉立上げを宣言し，8 年後の 2020 年 11 月 15 日に署名，2022 年 1 月 1 日に発効予定である。加盟国は ASEAN10 カ国と日本，中国，韓国，豪州，ニュージーランドの 14 カ国である。外務省によると「世界の GDP，貿易総額及び人口の約 3 割，日本の貿易総額の約 5 割を占める」[3]という。2019 年 11 月にインドが交渉途中で離脱した。第 2 節の**表 9-1**，**表 9-2**，**表 9-3**で日中韓の緊密な経済関係を確認したが，RCEP の締結で日中韓は初めて FTA を結ぶことになる。なお中韓 FTA は 2015 年 12 月に発効している。

(2) 環太平洋パートナーシップ (TPP)

　TPP は 2010 年 3 月に第 1 回会合で交渉開始したが，日本は 2013 年 7 月から

3　外務省 HP「地域的な包括的経済連携 (RCEP) 協定」，2021 年 3 月，https://www.mofa.go.jp/mofaj/files/000231134.pdf。

交渉に参加した。2016 年 2 月に署名したが，2017 年 1 月の米国の離脱で 11 カ国になる。2018 年 3 月に，11 カ国の加盟国，豪州，ブルネイ，カナダ，チリ，日本，マレーシア，メキシコ，ニュージーランド，ペルー，シンガポール，ベトナムで署名し，同年 12 月 30 日に発効している。環太平洋パートナーシップに関する包括的及び先進的な協定 (TPP11, CPTPP) という。世界の GDP の約 13%，世界貿易総額の約 15%，世界人口の約 7%を占める。

(3) 日中韓自由貿易協定（FTA）交渉

　日中韓 FTA 交渉は，2012 年 11 月に交渉開始を宣言するが，進展が遅いという指摘を各国で受けながら 2019 年 11 月に第 16 回交渉会合を最後に止まっている。第 2 節で述べたように，日中韓の 2019 年の GDP は世界の GDP の 24% を超え，さらに中国と韓国は日本の貿易総額の 26% を超えている。来年発効する RCEP の効果で，「RCEP は世界の GDP と貿易総額の約 3 割，日本の貿易総額の約 5 割」を占めるとしたが，日中韓が RCEP の GDP に 8 割貢献することがわかる。また中韓は RCEP の日本の貿易総額に占める割合でも 5 割貢献している。外務省は「3 カ国の GDP 及び貿易額は，世界全体の約 2 割，アジアの約 7 割を占めている。両国の取り込みは，我が国が経済成長を維持・増進していくためにも不可欠。RCEP を上回る付加価値をどれだけ付与できるかが焦点。日中韓 3 カ国間の経済関係の強化を通じ，この地域の安定・外交関係の強化に貢献」[4] としているし，中国と韓国も交渉加速の発言は何回もあるが，結果は「進展が遅い」交渉すら 2 年間止まっている現状だ。日中韓 FTA は 2019 年 2 月に発効された日 EU 経済連携協定，そして 2020 年 11 月に署名した RCEP と交渉のはじまりは同じくらいである。

　RCEP へのインドの復帰，TPP への米国の復帰などが議論される中で，2021 年 9 月 16 日に中国は TPP の寄託国であるニュージーランドに，TPP への参加申請を提出した。中国の複数のメディアは豪州の報道を引用しながら，ニュージーランドのアーダーン首相は中国が要件を満たせば CPTPP への加入を認め

4　外務省 HP「日中韓 FTA 交渉」，2020 年 4 月，https://www.mofa.go.jp/mofaj/files/000264138. pdf。

るべきだと発言したという。TPP 参加には加盟国の全部の同意が必要とされる
そうだ。日中韓のより大きい経済成長，特に貿易の輸出の拡大のためには日中
韓 FTA の交渉を含めて，色々な協力が必要となる。

4　東アジアにおける経済協力（2）：経済統合以外の可能性と課題

　FTA 以外の経済協力として，日中韓三国協力事務局，日中ハイレベル経済対
話，中国の一帯一路，「日中韓＋X」協力，中国東北亜（北東アジア）博覧会と
「大図們イニシアチブ」などについて検討する。

(1) 日中韓三国協力事務局
　日中韓三国協力事務局は三国の平和,安定および繁栄を促進するため 2011 年
5 月 17 日に設立，日中韓三国協力国際フォーラムなどを開催しているが，コロ
ナの影響で去年も今年（2021 年）も開催されていない。

(2) 日中ハイレベル経済対話（「中日経済高層対話」）
　日中ハイレベル経済対話が 2018 年 4 月 16 日，約 8 年ぶりに東京で開かれた。
外務省によると「戦略的互恵関係の視点に立ち，経済分野での問題解決や協力
促進につき大所高所から議論する経済閣僚間の定期的対話の場」として，2007
年 10 月に安倍総理（当時）の訪中の時に創設が合意され，第 1 回目は 2007 年 12
月 1 日に北京で，第 2 回目は 2009 年 6 月 7 日に東京で，第 3 回目は 2010 年 8
月 28 日に北京で開かれた。最新の第 5 回目は 2019 年 4 月 14 日に北京で開催さ
れた。

(3) 中国の一帯一路
　「一帯一路」は中国と欧州を結ぶ巨大な経済圏の構想であり,陸路では「シル
クロード経済ベルト」（「丝绸之路经济带」）を「一帯」として，海路では「21 世紀
海上のシルクロード」（「21 世纪海上丝绸之路」）を「一路」として，各国と協力し
共同で巨大な経済圏を創ることを目指している。「一帯一路」の協力には,その

主な内容として「5つのつながり（「五通」）」があるが，その一つが「貿易の円滑化（「貿易暢通」）」である。「貿易の円滑化」では，中国と「一帯一路」の参加国との間で貿易と投資の円滑化を推進し，ビジネス環境を絶えず改善するとしている。また，「一帯一路」国際協力サミット（「一帯一路国際合作高峰論壇」）が2017年5月14日から15日まで中国・北京で開かれ，世界の130カ国と70の国際組織から代表が集まった。

(4)「日中韓＋X」協力（「三か国＋X」協力）

2018年9月25日に北京ではじめて開催された日中第三国市場協力フォーラムでは日中企業間で52の協力覚書が署名され，これらは日中にとって第三国としてのタイの経済区である「東部経済回廊」で両国は協力していく内容となっている。日中第三国市場協力は，日本政府の「インフラシステム輸出戦略」の1つであり，中国政府の「一帯一路」の一環でもある。短期間で大企業による数多くの覚書の締結，そしてそのプロジェクトを可能な限り急ピッチで実施するのは，これまでの日中間の協力でははじめてとなる。

米国の自国保護主義ではじまった米中貿易摩擦，日本による韓国のホワイト国除外からはじまった日韓貿易摩擦など，貿易自由化とはかけ離れた状況の中で，タイでの日中第三国市場協力は，内向きの競争から外向きの協力へと視点の転換になりうる。まずは広い意味において同回廊での「協力」（たとえば現地における中間財・サービスの相互供給）が進展していくことが期待される。

また3年ぶりに開催された第9回日中韓外相会議（2018年8月21日）では，「第三国」で日中韓が協力することに合意し，それを「三か国＋X」協力と表現した。中国の外交部は2019年8月19日の広報資料「中国は中日韓外交部長会議が三国協力の未来発展を企画することを期待する」で，三国協力の今後の発展を展望し，共同で地域の平和と安定を維持するとしている。韓国の中央日報電子版の当日の記事「『韓中日＋X』協力合意 韓中日手を握り三国市場進出」では，韓日の葛藤が深刻になっている最中に開催された第9回韓中日外務大臣会議では三国の経済協力に関して「韓中日＋X」協力システムにすることに合意し，現在中日が協力して第三国であるタイ市場に進出しているが，その協力シ

ステムを韓中日での協力体制に代替させるようだ，韓中日三国は揺るぎ無い三国の協力の重要性を強調した，と伝えている。

(5) 中国東北亜（北東アジア）博覧会 &「大図們イニシアチブ」

　国レベルの経済協力のみならず，地方政府との連携にも視点をおきたい。第13回中国東北亜博覧会が2021年9月23日に長春で開催され，主題は「東北アジアと手を組み，共に新たな発展を模索する」であると発表した。[5]

　中国商務部長補佐の任鴻斌氏は，中国と東北アジア諸国は経済・貿易で協力し，コロナ禍の悪影響を克服し，良好な発展の勢いを示していると評価した。任部長補佐は具体的に次のような点を述べた。（中国と東北アジア諸国は）第一に，発展戦略，連携を深め，共に「一帯一路」イニシアチブを構築し，ロシアの「ユーラシア経済連合」，韓国の「新南方」「新北方」政策，モンゴルの「草原の道」イニシアチブなど東北アジア諸国との発展戦略の連携が深まり続け，中国と北朝鮮の友好，協力関係は新たなレベルに上昇し続けている。中国と日本の第三国市場協力は実りある成果をあげ，域内の相互のコネクティビティのための協力は着実に進展し，各国間の経済貿易協力は拡大し続けている。

　第二に，貿易協力の急成長だ。中国は長年にわたり東北アジア5カ国の最大の貿易相手国である。2020年の中国と東北アジア5カ国との貿易額は約7,177億ドルであり，中国の貿易額の約6分の1を占めた。今年の上半期，中国と東北アジア5カ国との貿易額は約4,179億ドルであり，前年比26％増加した。中ロ，中韓貿易額は今年も過去最高を記録すると予想される。

　第三に，投資協力の着実な改善がなされている。第四に，地域協力が深まり続けている。RCEPの正式署名により，域内貿易，投資の自由化，円滑化のレベルが更に向上し，中国・モンゴル・ロシア経済回廊の建設が加速され，「大図們イニシアチブ」協力がますます実用的になる。[6]中日韓は環黄海経済・技術交

5　東北アジアは日本では北東アジアという表記が多いが，韓国においても中国と同様に「東北亜」と表記している。

6　図們は中国吉林省の市であり，図們江は韓国語では「豆満江」というが，隔てて北朝鮮と接している。

流の協力で目覚ましい成果をあげた。関係国は G20，SCO（上海協力機構）など多国間枠組みの下で積極的に交流し，開放型の世界経済を促進する上で重要な役割を果たした。

　任部長補佐は，「大図們イニシアチブ」が東北アジアの地域協力の中での役割についても，この地域内の重要なサブ WTO プラスであり，メンバー国には中国，モンゴル，ロシアと韓国を含むが，日本は主に地方政府の協力メカニズムに参加している。「大図們イニシアチブ」はメンバー国の地域の発展戦略の連携強化に重点を置き，中国の「一帯一路」イニシアチブ，「東北振興戦略」，韓国の「新北方」，「新南方」およびロシアの「ユーラシア経済連合」，モンゴルの「草原の道」などのイニシアチブ間の連携の促進に力を入れ，地域の共同発展に相乗効果をもたらす。

　「大図們イニシアチブ」の HP によると 1992 年に設立され，政府間協力枠組みであるが，国家全体で参加するのではなく，国ごとに主要行政区を指定して参加することになっている。中国は東北 4 省区，モンゴルは東部の 3 省，韓国は 3 道 3 市，ロシアは沿海地方などが参加している。北朝鮮は退出している。日本は新潟県が参加している。また事務局は北京にあるそうだ。

　日中韓 3 カ国について，任部長補佐は，中日韓は隣国であり，強い経済補完性，緊密な産業チェーンとサプライチェーン，互いに重要な経済・貿易のパートナーであるとしている。またパンデミックは中日韓および地域経済にさまざまな程度の影響を及ぼし，相互の産業チェーン，サプライチェーンの協力に不確実性をもたらしたが，関係者の共同の努力により，中日，中韓の経済・貿易協力はパンデミックの影響を克服し，逆に成長したと言及している。

　2021 年上半期の二国間貿易額はそれぞれ 23.7％と 28.5％増加し，双方向投資は活発に行われ，中日韓の経済・貿易協力の強靭さと旺盛な活力を示し，三カ国間の産業チェーンおよびサプライチェーン協力の安定性が上昇し続いていることも上記の言及に反映されている。パンデミックからの自然な反動効果ももちろん含まれるものの，中国が中日韓および域内での貿易を含む経済的連携の深化を期待していることが読み取れる。

5　おわりに

　2020 年における世界経済，世界貿易は上述したように規模が縮小され，懸念される。3 カ国の GDP 及び貿易額は，世界全体の約 2 割，アジアの約 7 割を占めているので，世界経済と世界貿易の減少の影響を今後も大きく受け，また逆に大きな影響を与えるであろう。とりわけ日中韓は相互に主要な貿易相手国であり，工業製品において緊密なサプライチェーンが形成されている。

　世界の貿易環境が大きく変化している中，やはり一国で供給しきれない部品・最終財について日中韓での緊密かつリスクに対応した協力関係が求められる。たとえば日中韓それぞれの中小企業が水平的な立場で国境を超えて部品の相互発注を行う，いわゆる「越境的な横請け」についての FTA によるサポート，さらには各企業が技術を適切に持ち寄り，共同で新製品を開発する体制なども，FTA で規律することが有益な分野であろう。RCEP の発効により域内の貿易・投資の自由化，円滑化のレベルが向上し，中日韓のアジア太平洋地域における産業チェーン，サプライチェーンの緊密な関係も一層深まると考えられるため，このことが三国間の経済社会面の協力に今後少しでも寄与することを期待したい。

　日中韓における産業内貿易は，工業分野の中間財取引を代表とするサプライチェーンとして形成されてきたため，短期的には（特に日韓間で）中間財・原料に対する輸出規制の適用がみられるものの，長期的には，日中韓 FTA に対する期待は三国すべてにとって大きいはずである。RCEP の発効とともに，それを上回る付加価値をもたらすような日中韓 FTA 交渉を進めることが何より必要な時期である。

　また三国にとって域外の「第四国」（具体的には RCEP 交渉に参加する ASEAN 諸国）において，インフラ関連プロジェクトなどの共同実施が小規模ではあっても早急に望まれる。日中韓におけるこれらの重層的な地域統合・経済協力の動きが中長期的には相乗効果となり，日中韓 FTA の交渉が日中韓「三か国＋ X」協力

と共に進展していくことが期待される[7]。

7 本章は，文部科学省科学研究費補助金新学術領域研究（研究領域提案型）計画研究「政治経済的地域統合」（16H06548）の助成を受けたものである。

第 10 章

コロナ後の環境と経済

——地球温暖化問題を中心に——

張　　暁芳

1　はじめに

　18 世紀中頃からイギリスに始まった産業革命の開始以後，人間の生産活動による化石燃料使用量の増加や森林面積の減少などにより，温室効果ガスの濃度は急激に増加した。温室効果ガスの増加により，地球の平均気温は，産業革命前に比べて 1℃ 以上上昇し，2030 年〜 2050 年の間に 1.5℃ に達すると予測されている（IPCC 2018）。地球温度の上昇に伴う気候の変化がもたらす様々な自然・社会・経済的影響は地球温暖化問題と呼ばれている。地球温暖化問題は人類の生存基盤にかかわる最も重要な環境問題の一つである。地球温暖化は人為的要因によるものという見解について，懐疑的な見方も根強くあった。他方，気候変動に関する政府間パネル（IPCC）は，2021 年 8 月 9 日に地球温暖化に関する最新の自然科学知見を詰め込んだ第 6 次評価報告書第 1 作業部会の報告書「気候変動 2021：自然科学的根拠 —— 政策決定者向け要約（SPM）」（Climate Change 2021 The Physical Basis）を公表した。その中で「人間の影響が大気，海洋及び陸域を温

1　気象庁 HP: https://www.data.jma.go.jp/cpdinfo/chishiki_ondanka/p02.html（2021 年 2 月 15 日最終閲覧）。

2　気候変動に関する政府間パネル（Intergovernmental Panel on Climate Change: IPCC）とは，1988 年に世界気象機関（WMO）および国連環境計画（UNEP）によって設立された国連の組織であり，気候政策の策定に使用できる科学的，技術的・社会経済的な評価を行い，各国の政策策定者をはじめ広く一般に情報を提供することを目的としている。

暖化させてきたことは疑う余地がない」と指摘している。近年，世界各地で猛暑，暖冬，局所的な集中豪雨などの異常気象の発生頻度が増加する傾向にあり，地球温暖化の影響によるものと考えられる。

2019年末からの新型コロナウイルス（COVID-19）の世界的流行により，世界規模の経済危機が発生した。経済活動の縮小により2020年のCO_2（二酸化炭素）排出量が大幅に減少した。CO_2排出量を減少させることは，地球温暖化進行の阻止にとって不可欠であるが，早く経済危機の影響から経済を回復し，国民に経済的に安定した生活を提供する必然性も見える。環境と経済を両立させる経済のあり方が一層重要となる。人類の生存を気候変動による影響から回避するために強力な対策及び国際協力が欠かせない。しかし，温暖化対策は自国の経済に悪影響を与えるなどの理由で，各国間の対立が見られる中での国際交渉は簡単ではなく，強力かつ効果的な対策に至らない。

そこで本章では，まず，第2節では地球温暖化のメカニズムや地球温暖化を引き起こす要因などの基礎知識について解説する。第3節では，地球温暖化問題を事例として，環境保全と経済を両立させる必然性を提示したい。第4節では，地球温暖化問題における国際的取組を紹介した上で，「公平性」理念の限界について論じる。その後，第5節では，より包括的な「環境的公正」が地球温暖化問題の解決のために果たす役割について考察したい。そして，行動経済学の観点から，地球温暖化対策の推進を阻害する要因について分析し，公正な地球温暖化対策のあり方について検討したい。最後のおわりにでは，全体の議論をまとめる。

2 地球温暖化問題と気候変動

(1) 地球温暖化のメカニズム

地球の平均気温は現在約15℃に保たれている。その仕組みは**図10-1**に示している。

地球が太陽からエネルギーを得ている。これにより地表面が暖められる。そして，地表面からも赤外線の形で熱が宇宙に放射している。その際に大気中の

図10-1　地球温暖化のメカニズム

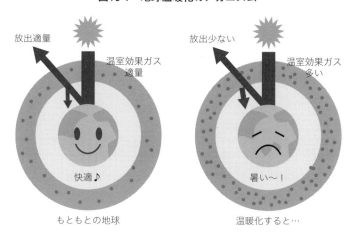

出所：兵庫県フロン回収・処理推進協議会 HP より（http://www.hardoc.org/ondanka.html，2021 年 10 月 3 日最終閲覧）。

温室効果ガス（GHG, Greenhouse Gas）が一部の熱を吸収し，再び下向きに放射し，地表面や下層大気を加熱する。地球に一定の GHG があることによって，生物の生存に適した気温に保たれている。もしも地球上に温室効果ガスが存在しなければ，平均気温が -18℃ 程度になると考えられている。他方，産業革命以後，人間の経済活動が活発になるにつれて GHG が大量に放出され，地球全体の平均気温の上昇が進行しており，この現象を「地球温暖化」という。

(2) 地球温暖化の要因

　地球温暖化及び気候変動を自然現象として考え，人為活動による GHG 排出量の増加により引き起こされていることに対して，長らく懐疑的な見方も根強くあった。しかし，近年，科学的知見の蓄積により，地球温暖化と人為活動の関連性が解明されつつある。世界各国の科学者の参加のもとに作成する IPCC の報告書の評価内容を見ると，第 5 次報告書（2014）では，地球温暖化に対する人間の影響について，「確信度が極めて高い」と評価しているのに対して，第 6

図10-2　種類別人為起因GHGの排出量推移（1970～2010年）

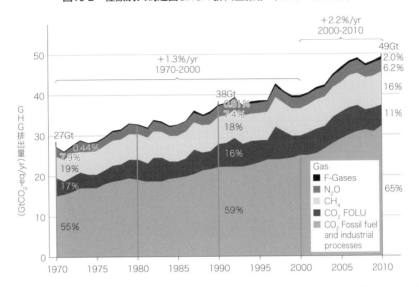

出所：IPCC, 2014, *AR5 SYNTHESIS REPORT: CLIMATE CHANGE 2014 Summary for Policymakers*, p.5 を改変して筆者作成。

次報告書では「疑う余地がない」という表現を用いて，評価した[3]。このように，人間が地球温暖化に与える影響はもはや否定できない状況である。

　図10-2には，種類別人為起因のGHGの排出量の推移を示している。この中でCO₂とメタンが全体の9割以上を占めており，そのうちCO₂は全体の76%を占めている。人為起因のCO₂の排出量の65%が，石炭，石油，天然ガスといった化石燃料の使用に由来している。例えば，便利かつ快適な生活を支える電気を作るには，大量の化石燃料が使用されており，同時に大量のCO₂も排出される。燃焼により排出するCO₂の量が化石燃料の種類によって異なるが，発電過程にCO₂を排出しない再生可能エネルギーや原子力発電と比べて，圧倒的に多い。また，自動車を乗る際に，ガソリンや天然ガスなどを燃焼している過程もCO₂が排出される。つまり，我々人間が行う様々な活動により，CO₂が直接ま

3　本章で参考にしたIPCC第6次評価報告書は，IPCCの第1作業部会が作成した報告書である。

たは間接的に排出されている。他方，森林面積の減少や土地変動などは自然界
の CO_2 の吸収減少による CO_2 の増加が人為起因の CO_2 の排出量の 11％を占め
ている。メタンは CO_2 に次いで地球温暖化に及ぼす影響の大きい GHG で，CO_2
換算で GHG 総量の 16％を占めている。メタンは湿地，水田，農業活動，天然
ガスの生産や廃棄物の燃焼などから発生する。

3　環境と経済

(1) COVID-19 と CO_2 排出量

　2020 年以後，新型コロナウイルスが世界で流行し，多くの国で感染の抑制を
目的とした渡航制限や外出制限などが実施された。それにより，世界経済は急
速に悪化し，世界規模の経済危機が発生している。人の移動が制限されること
で，生産活動や物流が停滞したり，不要不急のエンターテインメントサービス
や飲食店の営業停止，観光や宿泊，航空などの規模が縮小されたり，需要と供
給の両方が影響を受けている。さらに，コロナによる経済危機により対面で行
うサービス業を中心に従業員の所得・雇用にも波及している。その影響が現在
でも続いている。他方，コロナウイルスの流行よる経済活動規模の縮小は，結
果的に**図 10-3** に示すように，2020 年世界全体の CO_2 排出量が大幅なマイナス
(-7％) となった[4]。このように，経済活動と CO_2 の排出量が密接していることが
証明されている。しかし，これは特殊な時期に起きた短期的な排出量削減であ
る。コロナ禍の長期化により，「ウィズコロナ」という考え方が世界各地で浸
透している中で，世界経済も活発化しつつある。最近世界規模で起きる燃料不
足は経済活動の回復によるものである (2021 年)。しかし，化石燃料の大量消費
に依存する経済発展の現状から脱出しない限り，CO_2 の排出量は早かれ遅かれ
コロナ以前の水準に戻る。また，今後発展途上国の経済成長に伴い，化石燃料
への世界全体の需要の長期見通しとしては，増加となることが予測される (IEA

4　排出量の絶対値が減少したが，部門別に見ると，家庭部門では増加する傾向にある。これ
　は人々の外出が制限され，自宅での生活時間が長くなるに連れて，生活ゴミや電力消費の
　増加となり，ゴミの燃焼や発電による排出量の増加とつながる。

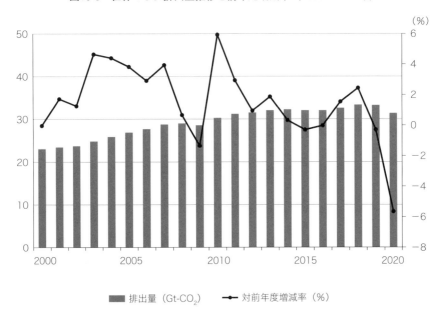

図10-3 世界のCO_2排出量推移と前年比増減率（2000～2020年）

■ 排出量（Gt-CO_2）　—●— 対前年度増減率（%）

出　所：IEA, *GLOBAL Energy Review: CO2 Emissions in 2020*（https://www.iea.org/articles/global-energy-review-co2-emissions-in-2020）をもとに筆者作成。

2021: 28）。

　地球温暖化問題の解決において，CO_2排出量の減少が望ましいことであるが，個人レベルで見ると，コロナ禍の影響により世界での貧富の格差が深刻化しつつあり，各国政府にとって，国民の生活をコロナ経済危機から救う必要性がある。経済活動を抑制することは，社会の貧富の格差が広がるため，環境保全と経済を両立させることに力を尽くすべきであることがコロナ経済危機の経験から示唆されている。環境保全と経済が両立させる社会のあり方はSDGsの目標達成にとっても不可欠である。例えば，マグロの需要が高いという理由で短期的な経済を優先し，過剰漁獲することによって，「14 海の豊かさを守ろう」という目標の達成が不可能になるであろう。一方，経済的に豊かになることは，「1 貧困をなくそう」，「2 飢餓をゼロに」，「3 すべての人に健康と幸福を」など多くのSDGsの目標達成に貢献できる。

(2) 気候変動の悪影響

　地球温暖化による気候変動は，人間社会を含む生態系に甚大な影響を及ぼす。次は，その影響について，少し詳しく見ておこう。ここでは，IPCC（2014）第5次評価報告書・第2作業部会報告書の内容を中心に紹介することとしたい。IPCC（2014）は，確信度高い複数の分野や地域に及ぶ主要なリスクについて，**表10-1**のようにまとめてある。

　これらの内容を全て覚えることは難しいであろう。そこで気候変動による悪影響を理解するには，少なくとも以下の3点を知っておいた方が良いであろう。第一は，全ての地球住民は気候変動による悪影響に直面している。要するに，全ての地球住民が気候変動の被害者になりうる。第二は，気候変動は人間社会を含む生態系に悪影響を与え，人間社会のみに焦点を当ててみると，我々の生命，健康及び生計に影響を及ぼす。言い換えれば，気候変動を回避することは，我々の生命，健康及び生計を守ることとなる。そして，第三は，一部の地域や職業がより気候変動の影響を受けやすい。特に社会的弱者の方がより大きい影響を受けており，リスクの「不公平」問題が存在する。この点について，もう少し詳しく見ておこう。**図10-4**には，世界全体から見る2015年の所得別一人当たりによるCO_2排出量および排出量の絶対値を示している。**図10-4**に示しているように，高所得層ほどCO_2の排出量が高いことと，高所得層一人当たりの排出量は他の所得層との差が大きいことが分かる。他方，**図10-5**に示す気象災害による損失が一人当たりGDPに占める割合を見ると，低所得層ほど大きい影響を受ける。気候災害が頻繁に起こるようになると，貧困層と富裕層の格差がさらに広がり，社会の不公平を深刻化させる。

　以上で見たように，気候変動が様々な面において，甚大な影響を及ぼす。ここで挙げられている影響は，あくまでも「確信度高い」影響であり，今後，気候変動の影響に関する科学的知見がさらに蓄積され，上記以外の新たな影響も明らかにされる可能性がないと言えないであろう。

　この節では，人間は少なかれ多かれ，地球温暖化の加害者でありながら，被

5　確信度は，証拠（種類，量，質，整合性）と見解の一致度に基づき，非常に低い，低い，中程度，高い，非常に高い，という5段階で評価している。

表10-1　確信度高い複数の分野や地域に及ぶ主要なリスク

① 高潮，沿岸域の氾濫及び海面水位上昇による，沿岸の低地並びに小島嶼開発途上国及び
その他の小島嶼における死亡，負傷，健康障害，生計崩壊のリスク。
② いくつかの地域における内水氾濫による大都市住民の深刻な健康障害や生計崩壊のリス
ク。
③ 気象の極端現象が，電気，水供給並びに保健及び緊急サービスのようなインフラ網や重
要なサービスの機能停止をもたらすシステムのリスク。
④ 特に脆弱な都市住民及び都市域又は農村域の屋外労働者についての，極端な暑熱期間に
おける死亡及び罹病のリスク。
⑤ 特に都市及び農村の状況におけるより貧しい住民にとっての，温暖化，干ばつ，洪水，
降水の変動及び極端現象に伴う食料不足や食料システム崩壊のリスク。
⑥ 特に半乾燥地域において最小限の資本しか持たない農民や牧畜民にとっての飲料水及び
灌漑用水の不十分な利用可能性，並びに農業生産性の低下によって農村の成果や収入を
損失するリスク。
⑦ 特に熱帯と北極圏の農業コミュニティにおいて，沿岸部の人々の生計を支える海洋・生
態系と生物多様性，生態系の財・機能・サービスが失われるリスク。
⑧ 人々の生計を支える陸及び内水の生態系と生物多様性，生態系の財・機能・サービスが
失われるリスク。

出所：IPCC（2014）をもとに筆者作成。

図10-4　世界における所得別一人当たりCO$_2$排出量および排出量絶対値（2015年）

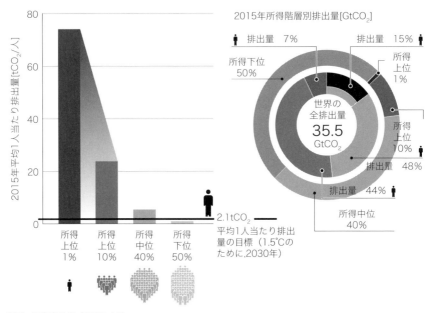

出所：経済産業省（2020: 15）。

図10-5　所得別の気象関連災害による経済損失とGDP損失の比較（1998〜2017年）

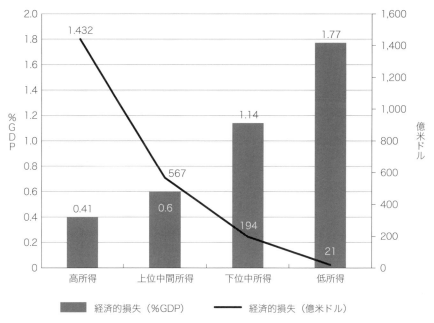

出所：UNISDR（2018: 16）をもとに筆者作成。

害者でもあることを指摘した。温暖化問題の解決は，気候変動による悪影響を回避するためだけでなく，一見，経済が豊かになることで達成できる「1 貧困をなくそう」，「2 飢餓をゼロに」，「3 すべての人に健康と福祉を」など複数のSDGs の達成において，実は地球温暖化問題の解決が果たす役割も大きい。つまり，環境保全は持続可能な社会の構築において極めて重要である。

4　地球温暖化問題と公平

　公害など環境汚染の解決に費用を要する場合，「汚染者負担原則」という考え方が 1972 年に経済協力開発機構（OECD）より提唱されて以来，世界各国で環境政策における責任分担の考え方の基礎となった（浅子・落合・落合 2015: 136）。他方，前述したように地球温暖化問題において，全ての国は加害者かつ被害者である。

公平の観点から，全ての国は適切な温暖化対策を行うことが求められよう。他方，排出量（過去・現在・将来），経済状況（対策費用を負担可能かどうか）など異なる国々の責任分担を考える際に，何を判断基準とすべきであろう。地球温暖化に関する国際交渉の歴史経験から見ると，「公平性」という理念は重要な役割を果たしてきた。

　途上国の立場から見ると，これまで先進国は多くの GHG を排出してきたのに，途上国に排出量の削減を要求することが非常に不公平であり，先進国が率先して責任を取るべきだと主張している。こうした歴史排出量に基づく考え方は，「気候変動に関する国際連合条約（United Nations Framework Convention on Climate Change）」に反映されており，1997 年に京都で開催された第 3 回気候変動枠組条約締約国会議 COP3 で，先進国に拘束力のある削減目標を規定した「京都議定書」の採択はその例である[6]。また，京都議定書において，先進国の費用負担を軽減させるために，すなわちより費用対効果が高い施策で削減目標を達成させるために，柔軟装置である「京都メカニズム」が導入された[7]。このように，気候変動に関する国際枠組において，先進国と途上国の両方の利益を配慮し，「公平性」を担保するように工夫された。一方，京都議定書が発効前 2001 年 1 月 20 日に当時排出量世界一位のアメリカは，ブッシュ新政権が誕生し，「自国経済に悪影響を与える」，「途上国の京都議定書不参加」，「地球温暖化の科学的不確実性」などの理由を挙げて，京都議定書に対して反対の態度をとっていたため，同年 3 月 28 日に京都議定書からの離脱を表明した[8]。他方，京都議定書発

6　1992 年に「大気中の温室効果ガスの濃度を安定化させる」ことを究極の目標とする「気候変動に関する国際連合条約（United Nations Framework Convention on Climate Change）」が国連総会で採択され，2014 年 3 月に発効した。同条約に基づき，1995 年から毎年，気候変動枠組条約締約会議（Conference of Parties of United Nations Conventions: COP）が開催されている。

7　「京都メカニズム」とは「クリーン開発メカニズム（Clean Development Mechanism: CDM）」，「共同実施（Joint Implementation: JI）」，「グリーン投資スキーム（Emission Trading: ET）」の 3 つを総称したものである。

8　京都議定書は，① 55 カ国以上の締約，②締約した先進国の CO_2 排出量（1990 年）が全先進国の排出量の 55%以上になる 2 つの要件が満たされてから，90 日後に発効となる。京都議定書は 2005 年 2 月 16 日に発効となった。

効後の 2011 年 12 月 12 日に当時カナダの環境相は「米国や中国など主要排出国が参加していない」理由で京都議定書からの離脱を公表した。さらに，2013 年〜 2020 年の削減目標を定める第二約束期間に関しては，日本，ロシア，ニュージーランドは不参加となり，未発効となった。

　2015 年 12 月フランスで COP21 が開催され，京都議定書に代わる 2020 年以後の GHG 排出削減などのための新たな国際枠組として，パリ協定が採択された。全ての国が排出量削減に努めることに合意した点において，京都議定書と比べて，公平性が高い一方，最も肝心な削減目標の設定について，強制的な削減目標が設けられておらず，努力目標としている。この点は，京都議定書の時と同様であるが，削減目標達成の確保策として，参加国は進捗状況に関する情報を 5 年ごとに更新・提供し，専門家による評価を受けることが定められ，京都議定書と比較して，透明性や実効性が高い。その他，途上国への資金支援について，京都議定書では，先進国のみ義務を求められたのに対して，パリ協定では，支援能力のある途上国も自主的な資金支援をすることが求められたこともパリ協定の公平性が高いと評価できる。京都議定書の発効前または発効後に見られた離脱防止の施策として，離脱表明をしてから 1 年後に効力を発する条件が設けられた。なお，離脱後 30 日で再加入できる。他方，法的拘束力を持つが罰則はないという点は，京都議定書と同様である。このように，気候変動に関する国際交渉において，「公平性」は排出量削減や資金支援などの努力分担において，重要な役割を果たしている。しかし，努力分担を明確にさせただけでは，地球温暖化の進行を防ぐことができない。実際に対策を取ったり，削減目標を達成したりすることが重要である。京都議定書やパリ協定の両方は法的拘束力があると言及したが，その法的拘束力は国際法を指す。国際法は国内法と違って，違反した場合は明確な罰則がないため，削減目標を立てても実施しない可能性がある。気候変動に関する国際枠組には，国々の削減義務の履行の確保という課題が残されている。

　2021 年 11 月 1 日にイギリスで COP26 が開催された。個別分野の目標を見ると，やはり利害関係によって，合意できた国が異なることは印象的である。例えば，2040 年までに新車販売を電気自動車などの排出ガスを出さない車にする

目標において，議長国であるイギリスのほかに 24 カ国（2021 年 11 月 13 日時点）が
合意したが，自動車産業が大きい日本，アメリカやドイツなどは参加を見送っ
た。[9] 2030 年までに脱石炭の目標に合意した国を見ると，石炭を主要エネルギー
源とする中国やインドはもちろん参加を見送った。[10] また，コスタリカ，デン
マーク，フランス，アイルランドなどの 10 カ国・地域は石油と天然ガスの生産
の段階的廃止への国際枠組に参加した一方，産油国のほとんどや日本，アメリ
カ，中国などは参加しなかった。このように，気候変動に関する国際枠組条約
において，やはり政治や経済が優位になっていることが感じられる。気候変動
に関する国際協議において「公平性」には限界があると言えよう。

5　環境的公正

(1)　環境的公正とは

前節では，地球温暖化問題の解決において，「公平性」には限界があると指摘
したが，今後実効性のある国際枠組に必要とされる規範的原則は改めて考える
必要があるだろう。そこで，より包括的な概念である「公正性」が果たす役割
が大きいのではないかと考える。議論を進める前に，まず「環境的公正」とは
なにかについて説明しておこう。李・小林（2021）によると「環境的公正」には，
「遵守性」，「公平性」，「公明性」，「互恵性」という 4 つの要件があり，それぞれ
の意味は以下のように説明している。

- ◦「遵守性」は，環境に関する国際的な条約や規約・約束，国内の法律などの法規
  や目標を遵守・達成しているかどうかということを意味する。
- ◦「公平性」は，自分を取り巻く環境や，環境問題の影響，そして環境保全のため
  の負担の平等性を意味する。
- ◦「公明性」は，環境保全のために努める誠実性という論理的責務を示している。
- ◦「互恵性」は，環境保全のための努力や貢献に対する見返りの度合いを表してい

9　NHK NEWS, 2021a.
10　NHK NEWS, 2021b.

る。

　地球温暖化対策で生じる便益は世界中に分散されるため，一国の対策費用の
負担が他国の便益につながる。この構造は，「ただ乗り」のインセンティブが
生じる。気候変動に関する国際枠組において，削減対策について提言が行われ
ているものの，どのような対策を国内で推進するかについて，統一的かつ強制
的な規定がないため，かなりの自由度がある。削減対策を怠ける，ただ乗りす
る国がある場合で生じる削減量と比べて，全ての国は自国及び他国のために誠
実に排出削減に努める場合で生じる削減量のほうははるかに多いことは言うま
でもない。従って，ただ乗りのインセンティブが生じやすい地球温暖化問題に
おいて，環境保全のために努める誠実性という論理的責務を示す公明性が果た
す役割が大きい。前述したように，大気中の GHG の濃度を安定化させること
は気候変動に関する国際枠組の究極の目標である。国内政策の場合は，政策の
目的を達成させるためにいくつかの行政手法が使われる。しかし，前でも指摘
したように，京都議定書やパリ協定では，削減目標の達成という観点において
その内容が不十分である。つまり，遵守性の重要性が十分に強調されていない。
その理由は，気候変動に関する国際枠組に参加することが自由であるため，厳
しい罰則や規制などが設定されると，そもそも最初から参加しないためだ。他
方，遵守性が守られる場合の削減排出量と，遵守性が守られない場合の削減排出
量と比べると，その結果が大きく変わる。結果評価あるいは効果評価において，
遵守性が求められる一方，厳しい罰則が科されない状況である。この現状を改
善させるには，実は「公明性」や「互恵性」が果たす役割に期待できる。これ
について，行動経済学や環境手法の観点から考察したい。

(2) 行動する場面における阻害要因
　地球温暖化問題は人類の生存基盤にかかる最も重要な環境問題として全ての
国が GHG の削減に向けて努力することが合意されている一方，実際に行動す
る場面になると，利害関係が複雑に絡まっており，削減目標の設定から削減目
標の遵守まで強力かつ有効な対策に至らない。なぜこのような状況になってい

るかを理解するには，行動経済学の示唆が有効であろう。伝統的な経済学では，人間は常に自己利益を最大化することを基準に合理的に行動する「ホモ・エコノミクス（経済人）」と想定される。これに対して，行動経済学では，人間は認知能力や情報処理能力に限界があるため，完全に合理的な意思決定ができない「ホモ・サピエンス」と想定される。さらに人間は「損失回避性」や「現状維持バイアス」などの心理的傾向により将来より現在を重視する「近視的な行動」を行う傾向がある。ノーベル経済学賞を受賞した行動経済学の指導的研究者の米国シカゴ大学のリチャード・セイラー教授とハーバード大学のキャス・サンスティーン教授によると，「人はあるものを失う時に感じる惨めさは，同じものを得るときに感じる幸福感の 2 倍に達する」と指摘している（Thaler and Sunstein 2008, 遠藤真美訳 2009: 59）。地球温暖化問題を事例とすると，温暖化対策の効果を享受する前に，多かれ少なかれ対策費用を支払わなければならない。一方，対策の効果が現れるまでは時間がかかる。つまり，環境改善の利得より，環境改善のための損失の方が大きく見積もられる。このような人間の心理の特性である「損失回避性」は温暖化対策の先延ばしという惰性を生み出す一因となりうる。

　損失回避性は現状維持バイアスの要因の一つとされるが，注意力のなさもその要因の一つとされる（Thaler and Sunstein 2008, 遠藤真美訳 2009: 62）。例えば，地球温暖化問題に関する関心度は，異常気象による災害が起きたことより，それに対する関心が高くなる傾向がある。また，COP が開催される時期になると，関心度も高くなる。すなわち，個人レベルで見ると，環境活動家や環境問題の研究家など一部の人を除いて，多くの人は地球温暖化問題に継続的な注意力が維持されない。国レベルで見ると，各国の政府にとって，地球温暖化のほかに，国内の貧富格差問題，所得問題，雇用問題など様々な社会課題に直面しており，地球温暖化問題を常に優先的に解決しようと考えないであろう。こうした人間に内在する心理傾向が，削減目標の遵守を妨げていると考えられる。

(3) 対策を実施させるための手法

　地球温暖化問題を解決するには，行動する場面における損失回避性や現状維

持バイアスを乗り越えなければ，遵守性の確保が困難である。そこで，これら
の人間に内在する心理的傾向を乗り越える方法を考える上で，「公明性」や「互
恵性」が果たす役割に期待したい。次は，公明性や互恵性がいかに役割を果た
すかについて，環境政策手法である経済的手法および情報的手法を中心に検討
しよう。[11] 経済的手法の施策の一つとして，排出権取引制度（キャップ&トレード
型）を紹介したい。[12]

　図 10-6 には，排出量削減対象が 2 社を想定した場合の限界削減費用を示し
ている。A 社と B 社の削減目標として 100t-CO_2 を設定する。規制的手法の場合，
両者で均等に 50 t-CO_2 ずつ削減する。この場合，技術レベルの違いによって，
同じ排出量を削減するのに，B 社と比較して A 社がより低いコストで削減目標
を達成できる。一方，排出権取引制度の場合を見ると，両者が取引を活用する
ことによって，両者の削減費用が均等化する点まで，両者の排出量がシフトす
る。この場合，A 社は排出量が 30 t-CO_2 まで削減を進め，B 社は 70 t-CO_2 まで
削減を進める。規制的手法と比較して，削減目標達成に係るコストが M1M2M3
（斜線）の面積の分が低くなる。要するに，排出権取引制度において，「比較的
削減コスト低い A 社」と「比較的削減コスト高い B 社」の両方にとって，経済
的メリットがあり，積極的に排出量削減のインセンティブも生まれる。よって，
排出権取引制度を導入した場合のほうが「損失回避性」がある程度回避できる。
さらに，排出量削減努力の見返りとして，余剰排出量の販売が許可される点は，
互恵性の要件も満たされると言える。前にも触れてあったが，排出権取引制度

---

11 対策を実施させるための環境政策の手法として，①規定的手法，罰則などの法的制裁措置
をもって，一定の作為（あるいは不作為）を選択することをターゲットに義務づける。②
経済的手法，ターゲットが選択可能な行動の費用と便益に影響を及ぼすことによって，一
定の作為（あるいは不作為）が選択されるよう誘導する。③情報的手法，ターゲットの環
境情報が他の主体に伝わる仕組みとすることにより，一定の作為（あるいは不作為）が選
択されるよう誘導する。④合意的手法，ターゲットがどのような行動を行うのかについて
事前に合意することを通じて，その実行を求める。⑤支援的手法，ターゲットが，問題の
所在に気付き，何をすべきかを知り，一定の作為（あるいは不作為）を自発的に選択するよう，
教育・学習機会の提供，指導者や活動団体の育成，場所・機材・情報・資金の提供などに
より支援するなどの手法がある（倉阪 2014: 203-204）。
12 排出権取引制度に関する説明内容は，筆者の博士論文に基づき，加筆した。

図10-6　規制的手法と排出権取引

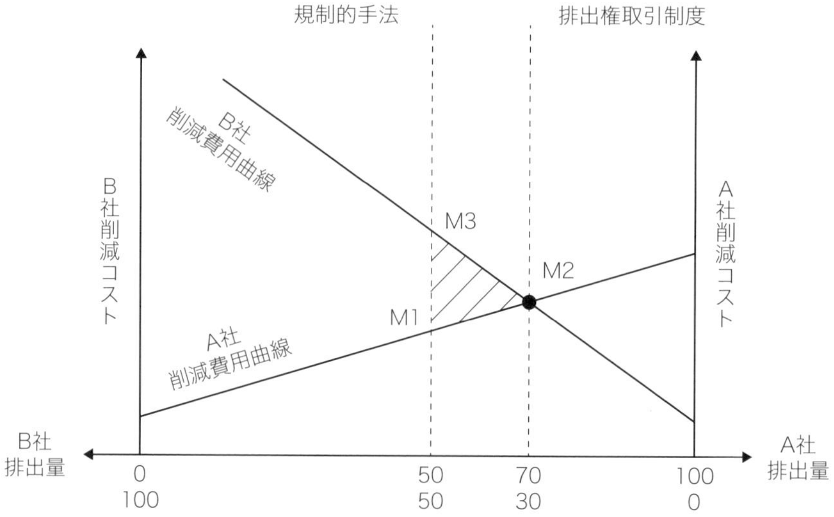

出所：環境省（2017: 6）をもとに筆者作成。

は「京都メカニズム」の一つとして導入された。しかし，EU は，域内の削減を
重視し，域外での削減への関心が薄かったため，2005 年に EU 域内排出権取引
制度（EU-ETS）を先行導入した（亀山 2002: 204）。その後，中国や日本（東京都，埼
玉県）などの国や地域では，続々独自な国内排出権取引制度を導入し，削減効果
をあげているものの，国際排出権取引市場は未だに形成されていない。

　注意力のなさに起因する「現状維持バイアス」の解消において，情報的手法
や支援的手法が有効と考えられる。地球温暖化問題を事例として，情報的手法
は国の排出量情報の開示を求めることにより，その国の排出量状況や排出量削
減の進捗状況が全ての国に伝わり，国際社会からプレッシャーを受ける仕組み
が考えられる。こうした仕組みは自国の排出量削減努力が常に他国に見られる
ようになり，削減努力を怠ると国際社会から批判されるリスクがある。言い換
えれば，他国と良好な関係を築くためには，誠実に排出量削減に努めることが
前提となる。また，企業のグローバル化が進みつつある現代において，排出量
情報の開示は，国レベルにとどまらず，各国政府は GHG を大量に排出する国

内企業に情報開示を義務づけるべきである。このような情報的手法は，低コストかつ有効と考えられる（Thaler and Sunstein 2008, 遠藤真美訳 2009: 296）。

6　おわりに

　本章では，コロナ後の環境と経済の両立の必要性について，地球温暖化問題を事例として論じた。人為的要因で，人類の歴史ではこれまでに見たことのないスピードで地球温暖化が進んでいる。それによる気候変動は人類の生存基盤に悪影響を与えている。地球温暖化問題において，すべての人間は多かれ少なかれ地球温暖化の加害者であり被害者でもある。そのため，地球温暖化問題の解決に向けて，国際協力が不可欠である。しかし，これまでの気候変動に関する枠組の経験を見ると，強力かつ効果的な枠組に至らない。その理由として，公平性原則に対する認識は，国の立場によって大きく異なること，地球温暖化問題には「ただ乗り」が生じるインセンティブが存在すること，人間に内在する「損失回避性」や「現状維持バイアス」などの心理的傾向によって，排出量削減行動を先延ばししやすいなど複合的な要因による結果と考察した。しかし，地球温暖化による気候変動が人類の生存基盤に大きな悪影響を与えるため，先延ばしは望ましくない。我々現役世代および将来世代の幸福のために，環境保全と経済発展を両立させる社会は望ましい。これを実現するには，遵守性，公平性，公明性，互恵性という 4 要件を含む公正型社会の理念が不可欠と考える。

参考文献

IEA, 2021, World Energy Outlook 2021

IEA, GLOBAL Energy Review: CO2 Emissions in 2020, https://www.iea.org/articles/global-energy-review-co2-emissions-in-2020（2021 年 10 月 21 日最終閲覧）

IPCC, 2014, AR5 SYNTHESIS REPORT: CLIMATE CHANGE 2014 Summary for Policymakers

IPCC, 2018, Global Warming of 1.5℃ Presentation to the wrap-up of the Talanoa Dialogue Preparatory phase

IPCC, 2021, Climate Change 2021: The Physical Science Basis Summary for Policymakers

Thaler, R. and Sunstein, R., 2008, *Nudge: Improving Decisions About Health, Wealth, and Happiness*, Yale University Press（2009, 遠藤真美訳『実践 行動経済学──健康, 富, 幸福への聡明な選択』日経 BP）

UNEP, 2020, Emissions Gap Report 2020

UNISDR, 2018, ECONOMIC LOSSES, POVERTY & DISASTERS 1998-2017

Nordhaus, William, 2015, *THE CLIMATE CASINO RISK, UNCERTAINTY, AND ECONOMICS FOR A WARMING WORLD*（2015, 藤崎香里訳『気候カジノ──経済学からみた地球温暖化問題の最適解』日経 BP

NHK NEWS, 2021a,「COP26 石油と天然ガスの生産 段階的な廃止へ国際的枠組み発足」, https://www3.nhk.or.jp/news/html/20211112/k10013345161000.html（2021 年 11 月 13 日最終閲覧）

NHK NEWS, 2021b,「COP26 電気自動車などに移行のための行動計画まとめる」, https://www3.nhk.or.jp/news/html/20211111/k10013343131000.html（2021 年 11 月 13 日最終閲覧）

浅子和美・落合勝昭・落合由紀子, 2015,『グラフィック環境経済学』新世社

亀山康子, 2002,「地球環境問題をめぐる国際的取り組み」森田恒幸・天野明弘編『岩波講座環境経済・政策学 第 6 巻 地球環境問題とグローバル・コミュニティ』岩波書店

亀山康子, 2010,『新・地球環境政策』昭和堂

環境省, 2017,「第 3 回検討会 資料 6 数量アプローチについて」

経済産業省, 2020,『参考資料 1 参考資料集』, https://www.meti.go.jp/shingikai/sankoshin/sangyo_gijutsu/chikyu_kankyo/ondanka_wg/pdf/002_s01_00.pdf（2021 年 11 月 26 日最終閲覧）

倉阪秀史, 2014,『環境政策論──環境政策の歴史及び原則と手法 第 3 版』信山社, 203-204 頁

李想・小林正弥, 2021,「深刻化する環境問題と食料安全保障──環境的公正と行動経済学的アプローチ」水島治郎・米村千代・小林正弥編『公正社会のビジョン──学際的アプローチによる理論・思想・現状分析』明石書店, 198-226 頁

第 11 章

近代日本文学と感染症

——文学作品における感染症の表象と社会的公正——

張　永嬌

1　はじめに

　日本における感染症発生の歴史を遡ると，近世以前の日本で天然痘・麻疹・ハンセン病などの疫病流行が繰り返された。日本最初の正史とされる『日本書紀』に天然痘流行の記載が見られ，日本の現存する最古の歌集である『万葉集』にも天然痘に関する挽歌がある。『源氏物語』，『方丈記』，『徒然草』などの古典文学にも感染症流行の描写が散りばめられている。

　また，感染症統計作成の歴史は明治の初期に始められている。1874 年に文部省医務局が医政を担当し，「医制」を発布したことにより，感染症の患者届出の義務が定められた。その後，1880 年の「伝染病予防規則」の公布により，内務省の伝染病週報として取りまとめられるようになった。1897 年 4 月 1 日に「伝染病予防法」（明治 30 年法律第 36 号）が施行される。その法律において「伝染病」と称する八病はコレラ・赤痢・腸チフス・天然痘・発しんチフス・しょう紅熱・ジフテリア・ペストであると指定された。その中でも罹患率が高い数字を示す 1897 年から 1945 年までの六種類の感染症のデータを**表 11-1** に示す。その中に，肺結核は法定伝染病の中に入っていないものの，凄まじい死亡数と死亡率を呈している。

1　文部省，1874，「医制」1874 年 8 月 18 日，大久保利通関係文書（所蔵），https://dl.ndl.go.jp/info:ndljp/pid/11444432（2021 年 11 月 26 日最終閲覧）。

表11-1 感染症患者数・死亡数・罹患率・死亡率（人口10万対），病類・年次別

	コレラ		赤痢		腸チフス		天然痘		ペスト		肺結核	
	患者数	罹患率	患者数	罹患率	患者数	罹患率	患者数	罹患率	患者数	罹患率	死亡数	死亡率
明治30年（1897）	894	…	91 077	…	26 998	…	41 946	…	1	…	-	-
明治32年（1899）	829	…	108 713	…	27 673	…	1 215	…	62	…	-	-
明治34年（1901）	101	0.2	49 384	109.9	24 052	53.5	92	0.2	3	0.0	76 614	172.7
明治36年（1903）	172	0.4	30 304	65.7	18 820	40.8	72	0.2	58	0.1	85 132	186.9
明治40年（1907）	3 632	7.6	24 940	51.9	25 916	54.0	1 034	2.2	646	0.9	96 584	203.7
明治42年（1909）	328	0.7	28 005	56.9	25 101	50.8	90	0.2	389	0.8	113 622	234.0
明治43年（1910）	2 849	5.7	31 958	63.9	35 378	70.8	80	0.2	49	0.1	113 203	230.2
大正元年（1912）	2 614	5.1	25 666	49.7	31 519	61.0	14	0.0	-	-	114 197	225.8
大正3年（1914）	5	0.0	26 121	49.2	35 368	66.6	485	0.9	83	0.2	113 341	217.8
大正5年（1916）	10 371	19.0	22 449	41.1	41 846	76.3	264	0.5	77	0.1	121 810	227.7
大正7年（1918）	-	-	13 997	25.4	43 072	78.2	1 467	2.7	1	0.0	140 747	257.1
大正9年（1920）	407	0.7	12 891	23.3	54 595	98.6	4 054	7.3	3	0.0	125 165	223.7
大正11年（1922）	743	1.3	15 101	26.6	52 287	92.0	679	1.2	118	0.2	125 506	218.7
大正14年（1925）	624	1.1	14 720	24.9	45 768	77.3	430	0.7	-	-	115 956	194.1
昭和元年（1926）	25	0.0	17 135	28.5	43 938	73.0	1 256	2.1	8	0.0	113 045	186.1
昭和3年（1928）	1	0.0	25 196	40.6	41 996	67.7	723	1.2	-	-	119 632	191.1
昭和5年（1930）	-	-	29 672	46.5	41 367	64.8	7	0.0	-	-	119 635	185.6
昭和7年（1932）	4	0.0	32 249	49.0	35 437	53.8	305	0.5	-	-	119 196	179.4
昭和9年（1934）	-	-	42 939	63.4	42 420	62.6	320	0.5	-	-	131 525	192.5
昭和11年（1936）	-	-	52 053	74.9	36 799	52.9	178	0.3	-	-	145 160	207.0
昭和13年（1938）	18	0.0	80 221	113.9	42 074	59.7	60	0.1	-	-	148 827	209.6
昭和15年（1940）	-	-	83 689	117.3	40 706	57.0	575	0.8	-	-	153 154	212.9
昭和17年（1942）	-	-	55 785	77.7	35 589	49.6	381	0.5	-	-	161 484	223.1
昭和19年（1944）	-	-	55 196	76.2	57 488	79.3	311	0.4	-	-	-	-
昭和20年（1945）	-	-	96 462	134.0	57 933	80.5	1 614	2.2	-	-	-	-

注：この統計調査は「伝染病統計について」（昭和50年11月15日統発第408号）に基づいて作成されている。
罹患率の算出は次式によった。年間罹患率＝その年患者数／その年の10月1日推計人口*100,000。表章記号：
計数がない「-」，比率が微小（0.05未満）「0.0」，計数は不明または計数を表章することが不適当「…」。
出所：厚生統計協会（2009），池田功（2002）による情報を一部省略して筆者作成。

　感染症患者届出の義務化によって，明治以降における感染症蔓延の状況を統計データで把握できるようになった。だが一方で，その数字の背後に「法定伝染病」に罹った人々は身体的な苦痛と法律による規制の両方を受けねばならなくなる。また，「法定伝染病」と規定されなかったハンセン病や肺結核について，その病気にまつわる認識は不潔・罪悪・異端など差別と排除の眼差しを帯びることも生じた。さらに，スペイン風邪と称されるインフルエンザは1918年春頃

に日本に上陸し，1921 年までに患者 2380 万人，死者は 38 万人にのぼっている（小川・鈴木編 2021: 182）。

　このように近代日本において，感染症の蔓延と同時に近代衛生行政システムも構築されていった。また，多くの感染者の死を招いた記録も残されるようになった。未知の感染症が出現した際に，統計データはある程度その蔓延状況を反映したが，むろん社会や個人に与えた心理的な影響を考察するには，限界があった。**表 11-2** で示したように，近代日本において感染症に罹った人には，樋口一葉，正岡子規，夏目漱石，石川啄木，永井荷風，志賀直哉，菊池寛，宮澤賢治，梶井基次郎，堀辰雄など，文学者が多数いた。病疾は彼ら文人の感性を豊かにさせた外に，社会問題や人間の心に対する思考をも深めていったと考えられる。このような文人たちの感染症罹患とその文学テクストを，今般の感染症蔓延の状況に照らし合わせてみることも，感染症の影響と社会的公正を再考する格好の資料となりかつ視点ともなり得るのではないだろうか。

　現在進行形のコロナ禍に直面して，近代における感染症によるパンデミックでは，社会や人々は如何なる対応をしてきたのか，また感染症の歴史が残した現在の人々への啓発とは如何なるものなのか，人々の関心が高まっている。たとえば大正時代に大きな衝撃を与えたスペイン風邪に焦点を絞ると，近代の文豪たちがスペイン風邪について描いた作品群が現れ，これらの作品をめぐっては，『文豪たちのスペイン風邪』（2021），『文豪と感染症　100 年前のスペイン風邪はどう書かれたのか』（2021）といった出版物も今日，刊行されている。文学作品における感染症の表象研究についての代表的な研究成果として，スーザン・ソンタグ（1982）は結核，梅毒，癌，狂気といった病気が隠喩（メタファー）として使われてきたことを考察した。そこで十八世紀のロマン主義から現代のSFにいたる文学作品に触れつつ，さまざまな病気が担わされた社会思想史的な意味における役割と偏見を論じている。また，福田真人（1995）は近代日本文学における肺結核のイメージを整理し，近代化・都市化・産業化による人口の移動と集中が結核蔓延の土壌を用意したと提起し，結核にまつわる「天才の神話」や「ロマンティックなイメージ」を読み替える議論を展開した。

　最新の研究の中で，石井正己（2021: 187）は「史料としての感染症文学」で，文

表11-2 近代日本の作家と感染症

作家	生年月日	作品	初出	出版情報	関係の感染症	出版当時の日本における感染症の発生状況と対策など
樋口一葉	1872～1896年	『たけくらべ』	1895～1896年	『文學界』	天然痘	1895年に日本で軍隊にコレラが発生して全国で流行し，4万0154人が死亡した。また，赤痢と腸チフスも流行し，それぞれ1万2959人・8401人が死亡した。
尾崎紅葉	1868～1903年	『青葡萄』	1895年	『読売新聞』	コレラ	1896年に日本で赤痢が流行し，2万2356人が死亡した。また，腸チフスが流行し，9174人が死亡した。
徳冨蘆花	1868～1927年	『不如帰』	1898～1899年	『国民新聞』	肺結核	1899年日本で第一回肺結核死亡数全国調査が実施された。死者は6万6408人で，人口10万人当たり153人。総死亡数の7.12%を占めた。
正岡子規	1867～1902年	『病牀六尺』	1902年	新聞『日本』	肺結核	1902年に九州でコレラ流行。「癩患者取締ニ関スル建議案」を提出。第1回日本連合医学会が東京で開催され，北里柴三郎が結核病の予防及び撲滅について講演。
夏目漱石	1867～1916年	『吾輩は猫である』	1905～1906年	『ホトトギス』	天然痘	1905年にペスト流行。「伝染病予防法」改正。痘苗製造所および血清薬院が伝染病研究所に移管された。渋沢栄一・大隈重信ら，癩予防相談会開催。
田山花袋	1872～1930年	『田舎教師』	1909年	左久良書房	肺結核	1909年に日本で全国5カ所に公立癩療養所が設立された。「種痘法」が公布され，1910年1月1日から施行された。
石川啄木	1886～1912年	『一握の砂』	1910年12月	東雲堂書店	肺結核	1911年民間結核予防団体の日本白十字会が設立された。イタリアのローマで万国結核会議が開催。
永井荷風	1879～1959年	『断腸亭日乗』	1917年以降執筆	『荷風全集』	スペイン風邪	1917年に京都市・横浜市・名古屋市に結核療養所設置が命じられた。日本初の公立結核療養所として，大阪市立刀根山療養所が開設された。
与謝野晶子	1878～1942年	『感冒の床から』	1918年11月10日	『横濱貿易新報』	スペイン風邪	1918年春頃に日本にスペイン風邪が上陸し，1921年までに患者2380万人，死者は38万人にのぼった。凍結乾燥した天然痘ワクチンが開発された。
志賀直哉	1883～1971年	『流行感冒』	1919年4月	『白樺』	スペイン風邪	1919年に「結核予防法」公布，「学校伝染病予防規程」制定。長野・新潟で流行性脳膜炎が小流行し，1920年春頃から東京・大阪で流行した。死者1392人。
谷崎潤一郎	1886～1965年	『途上』	1920年1月	『改造』	スペイン風邪	1920年に日本で流行性感冒・コレラが流行した。東京市結核療養所が開院した。スイスのジュネーブに国際連盟保健機関が設置された。
菊池寛	1888～1948年	『マスク』	1920年7月	『改造』	スペイン風邪	1921年に「流行性感冒ノ予防要綱」が公布された。日本の文部省に学校衛生課が設置された。内務省衛生局に予防課が設置された。
佐々木邦	1883～1964年	『女婿』	1925年	『主婦之友』	スペイン風邪	1925年に「刑務所伝染病予防心得」が発せられた。戦争における化学兵器や生物兵器などの使用を禁じた「ジュネーブ議定書」に48ヶ国が署名または加入した。
岸田國士	1890～1954年	『風邪一束』	1929年1月	『時事新報』	スペイン風邪	1929年「癩予防法」改正。日本寄生虫学会設立。大阪帝国大学に大阪皮膚病研究所が設置され，ハンセン病の研究が開始された。
宮澤賢治	1896～1933年	『疾中』	1946年10月	『群像』	肺結核	1931年に東京でインフルエンザが大流行し，1月末には83万3284人が罹患。結核予防対策の一つとして，日本初の公立結核相談所が東京で開院した。
梶井基次郎	1901～1932年	『のんきな患者』	1932年1月	『中央公論』	肺結核	1932年内務省は結核予防相談所の開設について通達した。内務省令「寄生虫病予定法施行規則」が公布され，8月1日に施行された。
北條民雄	1914～1937年	『いのちの初夜』	1936年2月	『文學界』	ハンセン病	1936年に日本の内務省，官公立らい療養所長，所属府県衛生課長会議は「らい病20年根絶計画」を決定した。結核患者増加が問題となっていた。
堀辰雄	1904～1953年	『風立ちぬ』	1938年4月	野田書房	肺結核	1938年日本の傷兵保護院が，結核の傷痍軍人療養所を全国25ヶ所に開設した。日本で厚生省の設立と同時に，同省所管として公衆衛生院が設置された。

出所：筆者作成。主な参考文献は，立川昭二（1989）『病いの人間史 明治・大正・昭和』新潮社，小川修司・鈴木瑞穂編（2021）『伝染病・感染症 医療史事典トピックス 1347-2020』日外アソシエーツ。ほかに作家年表，作家全集も参照。

学研究の視座から感染症をめぐる言葉の歴史的な意味を論じている。また、『万葉集』や『源氏物語』などの古典文学に表れた感染症の表象を中心とした論集『日本古典と感染症』（キャンベル編 2021）や古代から近代まで感染症に関わる小説・俳句・言葉を追った『疫病と日本文学』（日比嘉高編 2021）もある。これらの作品集や論集の続出は人文社会科学の見地からコロナ禍と社会的公正の行方を検討する必要性も指し示している。文学作品には、作家の私的な感情の記録として歴史の変遷も織り込まれることがしばしばある。作家が感染症罹患者として、感染症そのものを文学作品の主題あるいは一部分として提示する時、そこには作家の個々の疾病経験が織り込まれ、同時代における感染症爆発の状況を覗くことが可能となる。さらに、他者や社会の感染者に対する態度や、感染者自身の自己認識といった思想上の問題にも切り込む余地が見えてくる。本論では、さまざまな感染症が爆発的に蔓延すると同時に近代医療と衛生行政も整備されつつある近代という時代に焦点を絞り、文学作品を時代の社会状況を映し出す一つの鏡として読み解き、データの背後に実在していた人々の、生きた声に耳目を傾け、それら理解に至る場への接近を試みる。

2　近代日本文学における感染症の表象

　文学作品における表象としての感染症を考察する際、分析対象を大きく二種類に分けることができる。一つは作家本人が感染症罹患者であり、その文学作品もある程度作家本人の感染体験を下敷きにして書かれるタイプのものである。樋口一葉・正岡子規・夏目漱石・石川啄木・堀辰雄・宮澤賢治などがこの範疇にあり、感染症に関する詩歌・日記・小説・童話などを多く残している。もう一つは、作家本人は感染者ではないが、感染症によるパンデミック下で、差別・排除・動揺といった社会的心理の変化と現象を作品の題材とするタイプである。作品内には感染症や傷病が惹起する様々な社会的現象や個々人の心理的変化の在り様が、直截な記録はもとより、虚構の物語として刻み込まれている。尾崎紅葉の『青葡萄』（1895）におけるコレラ、徳冨蘆花の『不如帰』（1899）と細井和喜蔵の『女工哀史』（1925）における結核の表象が代表的なものとして挙げら

れる。

(1) 近代における感染症の蔓延と戦争

　時間軸を辿ってみれば，感染症の蔓延が近代日本社会に大きな影響をもたらし，感染症そのものが日本近代文学に色濃くその足跡を刻み込まれていることが分かる。明治時代の最も代表的な作家と言われている夏目漱石の死因は胃潰瘍と言われるが，生前に天然痘・結核などの感染症にも罹患していたという。このような感染症体験は彼の作品の登場人物にも反映されている。『吾輩は猫である』の中で，「苦沙弥先生」の顔には天然痘の痕が残っていた。

　　主人は痘痕面である。御維新前はあばたも大分流行つたものださうだが日英同盟
　　の今日から見ると，斯んな顔は聊か時候後れの感がある。あばたの衰退は人口の増
　　殖と反比例して近き将来には全く其迹を絶つ至るだらうとは医学上の統計から
　　精密に割り出されたる結論であつて，吾輩の如き猫と雖も毫も疑を挟む余地のな
　　い程の名論である。（夏目 1906: 174）

　天然痘は疱瘡や痘瘡とも呼ばれ，古くは『日本書紀』にこの疫病流行の記載が見られ，歴史的に繰り返し流行していたことがわかる[2]（井口 1929）。夏目作品には，天然痘の蔓延や 1902 年の日英同盟の締結と医学の進歩といった感染症に関する時代状況がしばしば描かれている。朝鮮半島と満州における権益をめぐって，漱石の生きた時代では日清・日露戦争が勃発した。さらに，これらの対外戦争は国内の感染症蔓延と切り離せない関係性があった。例えば，夏目漱石の『こゝろ』（1914）では，「先生」は両親の死因について，以下のように文中の「青年」に説明している。

2　近代に入り，天然痘は 1870 年・1874 年・1876 年に全国的な大流行をみた。1892 〜 1894 年には，
　　東京以北で局所的大流行があり，患者 8 万 8095 名，死者 3603 名を記録に残す。その後大
　　正や昭和にも全国で散発性に感染者を出し続けていた。井口乗海，1929，『痘瘡及種痘論』
　　文光堂書店，5-16 頁。

　私が両親を亡くしたのは, まだ私の二十歳(はたち)にならない時分でした。何時か妻があな
たに話してゐたやうにも記憶してゐますが, 二人は同じ病気で死んだのです。しか
も妻が貴方に不審を起させた通り, 殆んど同時といつて可い位に, 前後して死んだ
のです。実をいふと, 父の病気は恐るべき腸窒扶斯(チフス)でした。それが傍にゐて看護を
した母に伝染したのです。(夏目 1914: 220)

　感染症による両親の急逝によって, 上京し寄宿生活を始めた「先生」の語り
があり, その後に彼の妻と K との物語が展開されてゆく。このように感染病
表象は虚構の物語の展開にも大きな構成要素として登場する。また, 小森陽一
(2020: 62-72) が論じているように, 日本で腸チフスが大流行をみたのは, 日清・
日露戦で, 腸チフス菌に感染した傷病兵たちが戦地から帰還し, その治療の過
程で感染が広がったからだとしている。激動する近代化の過程の中で, 日清・
日露戦争から第一次世界大戦, 続くシベリア出兵, さらに第二次世界大戦等の
勃発は, 人口の流動を促進し, 感染症が世界的なパンデミックを起こす重要な
契機を提供していった。

(2) 近代における感染症の蔓延と工業化

　戦争が感染症の蔓延を拡大させる重要な原因の一つは「軍隊」という集団生
活の組織が徴兵制によって強制的に作られたことにある。軍隊や戦場における
医療体制の整備は全く保障できなかったからである。1933 年 7 月 22 日付新聞
報道「兵士の結核」(『朝日新聞』朝刊, 東京, 1933: 3) では, 陸海軍で毎年肺結核を
罹患する軍人が二千人以上あり, 毎年の死者数は満州事変の戦死者数に接近し
ていると報道されている。軽視できないことに, 「集団」は感染症の蔓延に非
常に有利な条件の一つとなる。近代日本において, 軍隊以外に工場・学校・村
落・家庭等も感染症の蔓延の集団核となり, スペイン風邪・コレラ・チフス・
結核などの感染症がそこで広がった。

　明治初期から資本主義の礎が固められる過程で, 工場の女工の肺病は遺伝に
よらざる職業故の呪詛すべき病気であるとまで位置づけられている (細井 1925:
382)。近代日本では結核はかつて国民病・亡国病とも言われていた。人口の増

大，都市化の進行と貧富の差の拡大，産業の発達とそれに伴う労働条件の変化といった諸条件が重なって結核蔓延に格好の土壌が醸成され（福田 1995: 7），その中で紡績工場における女工の結核感染の蔓延がとくに深刻であった。細井和喜蔵は『女工哀史』で，「病気解雇帰郷者に就て見ると帰郷後死亡者千人中七百三人即ち七割は結核又は其疑ひあるものだ。彼等は我慢の出来る丈け我慢して働き，遂にダメだと知るに及んで帰郷する為めに帰郷後の死亡は七割の高きに上るのである」（細井 1925: 383-384）と記している。紡績工場における女工の生活環境は過酷であり，人口の密集・通気性の悪さ・粗悪な飲食条件・長時間労働などの諸因によって，女工たちの肺結核の感染率と死亡率が非常に高かったといわれる。さらに感染の疑いがある女工は故郷に戻され，これが都市と地方に感染症蔓延の通路を開くこととなる。また，地方から東京へ進学した人々の中にも，感染症を患って故郷に戻り療養するケースも少なくなかった。このように軍隊・工場・学校などの集団は，その移動によって感染症蔓延のリスクを拡大したにもかかわらず，当時はそれらを抑制するシステムが十分に整っていなかったのである。ゆえに，今日でも根絶できなかった結核は貧困病，すなわち医学が絡んだ社会病だと国際結核肺疾患連合の科学責任者，ボーラ・I・フジワラは指摘している（Senthilingam 2020）。感染症蔓延の際には貧困層への注目をさらに重視すべきであることは今日も共通する課題である。

3　文学作品から見る感染症蔓延の影響

(1) 罪悪意識・差別化と排他的な狂熱

具体的に，近代における感染症蔓延の防止対策に関する記述を見ると，そこには病いが「罪」とされる，患者が「罪人」とされる，あるいはそう自己認識する表現がしばしば見られる。尾崎紅葉の『青葡萄』（1896）の中では，コレラの疑いで主人公が自ら罪人であるとの自己認識を語る。

　　思へば自分は罪人である。自分が巡査を忌むよりも数十倍近所から忌嫌はれる大罪人であるのである。世間の迷惑になるのみか，政府に手数を掛ける伝染病を出し

た家の主，自分は立派な大罪人！（尾崎 1896: 153）

　当時の規定によれば，感染者が出た家は門の前に病気名を書かねばならな
かったという。作中に言及されたコレラの予防に関し，1879 年 8 月布告第三十二
号「虎列刺病予防仮規則」が発せられている。その布告の第十一条に「虎列刺
病者アル家ハ其病名ヲ大書シテ門戸ニ貼附シ病癒或ハ死亡ノ後ト雖モ一週間ハ
不得止事故アルノ外成ヘク他人ト交通ヲ謝絶スヘシ」[3]と定める。この「其病名
ヲ大書シテ門戸ニ貼附シ」という規定によって，『青葡萄』における感染者もこ
のような眼差しに晒されなければならなかったのである。コレラの患者はその
属する家族と一体化され，その家には病名を大書した張り紙を出すことが義務
化される。病名公示と消毒法は個別の人間にとどまらず，家と家族全体にまで
をその実施対象とし，同時に対象とされた一家への恐怖と差別も拡大化されて
いった。1897 年 3 月 30 日に「伝染病予防法」[4]の実施に伴って以上の規則が削除
されたが，法律によって感染症患者とその家族は依然として各層の権力機関の
監視下に置かれたままであった。

　当時の政府が感染症の治療と予防に介入する時，そこには赤裸々で暴力的な
手段が取られる現象が見られたのである。このような法律下で，被害者である
筈の感染者は罪人だと自己断罪するまでに至ってしまうのである。弱者を保護
する役割を果たすべき社会機構は，逆に弱者を世間に貶め裁く場に引き出すシ
ステムに転じていたとも言えよう。

(2) 集団からの排除

　感染者の自己に対する罪人認識は，単に病気の伝染性に対してだけではな
い。近代日本では強制徴兵制と対外戦争の推進によって，人々の価値実現が国

3　神戸裁判所編纂, 1880,「虎列刺病予防仮規則」『諸規則罰例全書 第五巻』神戸裁判所, 33 頁。
4　その第四条は「伝染病又ハ其ノ疑アル患者若ハ其ノ死者アリタル家ニ於テハ速ニ医師ノ診
　断若ハ検案ヲ受ケ又ハ直ニ其ノ所在地ノ警察官吏，市町村長，区長，戸長，検疫委員又ハ
　予防委員ニ届出ヘシ」と定める。内閣作成, 1897,「伝染病予防法制定伝染病予防規則廃止・
　御署名原本・明治三十年・法律第三十六号」, https://www.digital.archives.go.jp/img/155206（2021
　年 11 月 26 日最終閲覧）。

家レベルの責務とされていた。個人の犠牲も国家の人力資源の損失と見なされる。義務化された徴兵や対外戦争に参与できないことで，感染者や病者は病気以外に精神的な罪悪感をも背負わされることになる。田山花袋の『田舎教師』には，肺結核に罹った主人公清三が「本当に丈夫なら，戦争にでも行くんだがなア！」と慨嘆し，「かうして碌々（ろく）として，病気で寐（ね）てるのは実に情けない」(田山 1909: 523) という心情を述べている。清三は病気のために国家の対外戦争（日露戦争）に参与できないことを情けないと思っている。そこには国家との接続が身体的な病いによって切断されることへの心理的劣等意識が浮かび上がってくる。戦争の時代において人間が国民化され，さらに身体が国有化され，心情まで国家の統制下に置かれるメカニズムがそこで機能し，身体的な病がゆえに国家共同体というシステムから排除された個人は劣等感を抱かされることになる。

　このように戦争と感染症が交錯している中に，氏原佐蔵による『結核と社会問題』の考察がある。氏原は，「一度軍隊に送りし壮丁が結核に罹りて帰郷したる後一家近親に伝染し甚しきは一家全滅の悲惨を見たる例」をあげ，「何等処置せずして患者を追放するは責任回避の措置たりとの非難を免る能はざるべし」(氏原 1914: 86) と述べている。現在のコロナ感染者もまた自宅で療養せざるを得ず，そのために死者も続出したが，このことを想起させるような出来事は百年前にもあった。

(3) 感染症とジェンダー格差

　天然痘や肺結核などの感染症が蔓延していた近代日本においては，異なる性別の感染症患者に対し，家庭や社会の態度もまた異なり，近代日本におけるジェンダー間の不公正が垣間見える。樋口一葉の『たけくらべ』(1896) にも「痘痕（あばた）と湿（し）つかき（疥癬）」などの描写が織り込まれ，男性である漱石の「苦沙弥先生」と比べると，女性の皮膚病や瘢痕に対する蔑視が鮮明になっている。作品中に田中屋の正太郎は「奇麗な嫁さん」と対照的な，天然痘の痕や疥癬の痕が顔に残す女性を醜女とあげつらい，「煎餅やのお福のやうな痘痕づらや，薪（まき）やの出額（おでこ）のやうなが万一（もし）来ようなら，直（ぢき）さま追ひ出して家へは入れて遣らない」(樋口 1896: 165-166) と述べている。当時の社会では男性が女性の身体的表象を広言

することはごく一般的であった。つまり奇麗であろうが，醜悪であろうが，「女性」が「男性」の眼差しの対象となることは変わらない。しかし身体に痕が残る皮膚の感染症は男性以上に女性に蔑視をもたらした。男性の場合，感染症による瘢痕などの身体的な特徴は自嘲や時事批評のネタとして取り上げられるに過ぎないのに対し，女性の身体上のキズは嘲笑の対象や否定される原因ともなる。見る主体としての男性と見られる対象としての女性，このような位置関係が当時には確実に存在していたのである。いわば美醜と健康が「嫁」という存在と身体に対する評価基準となり，醜悪と非健康的な感染者は当然差別や排斥の対象となりうる。

　このような社会による女性の身体的表象に対する評価システムこそ，家制度における子孫存続の実現という女性役割が中核的な価値観となっていることを鮮明にする。ゆえに，女性がこのような身体価値を失うとき，家制度より切り捨てられ排除されてしまうのであった。徳冨蘆花の『不如帰』は，社会や家庭が女性感染者に対する訴求を描いた物語として見ることも可能である。作中の登場人物である浪が肺結核を感染したことで，家の存続に不利という理由で，離縁される事態が起こった。浪の姑は「卿に伝る，子供が出来る，子供に伝る，浪ばかいぢやない，大事な主人の卿も，の，大事な家嫡の子供も，肺病持なツて，死んでしまふて見なさい，川島家はつぶれぢやなツかい」（徳冨1900:186），と息子を説得する。感染症の存在は，感染者である浪を一人の人間としてよりも，病菌をまき散らす母体としての性格を前景化する。感染症は浪個人の身体の問題にとどまらず，夫である武男との接触によって，主人である彼を感染させる悪しき身体としての認識を明示する。家嫡の子供たちにも感染させるだけでなく，家庭に負の影響をもたらす存在として排除されねばならない。こうして感染は病者のみならず家の存続まで問題を拡大化してゆく。とりわけ女性身体は健康な子供を育成する役目が果たせない以上，家庭から弾きだされる。

　その後，1904年には，内務省は省令第一号を以て肺結核予防に関する取締方法を規定し，国法を以て肺結核患者の結婚を禁ずることになる。虚構の物語がさらに現実性を帯びるようになっていく。感染症そのものが一人の人間の身体のみならず，家という制度，社会というシステム，国家という権力機関にも反

応を帯び起こす起爆剤となる恐れがあるからである。このように感染症は，当時の家制度における女性の従属的な地位と家制度存続のための負の機能を果たす役割を浮上させてゆく。

4 文学者が示唆した感染症への態度

感染症蔓延の過程に生じた排除・差別・罪悪意識・ジェンダー格差などの現象は，そのまま社会的不公正の様々な表現でもあった。近代日本文学中には，このような社会不公正や歪みを的確に描出し，肯んじない表現の作品も立ち現れている。そのような文学テクストには，今日のアフターコロナ後の新たな社会の変容を改めて再考・再構築させる要素が内包されているのではないか。

(1) 死のイメージから生の希望へ

近代日本文学において，作中の感染者が周囲から特別な眼差しを受け，集団において異端と見なされるケースを辿ってみた。このように感染者が集団によって排除される現象は感染症爆発の初期には特に鮮明であった。未知の病原菌の保菌者が現れると，集団には差別化や悪魔化，さらに異物排除の心理が働く。このような場合，人は意識的・無意識的にも集団での自己保身をはかり，同調圧力に屈し，さらには排他の狂熱に加担する。時代と国を問わず，よく見受けられる社会現象である。しかしこのような未知のものを差別化・悪魔化・排除する社会心理の暴走を防ぐことは極めて困難だと思われる。確かに感染症の何たるかを正確に認識し，その理解の上に感染者と触れることが重要となるが，そこに至るまでの間隙を，感染症をテーマの伏線とした文学作品が補完する役割を担っていたのではないかと考えられる。

徳冨蘆花の『不如帰』には，「肺結核で全快ツた人はまあ一人もない」（徳冨 1900: 185）という描写があり，当時の肺結核を死とイコールしたようなイメージを付与している。このような認識は石川啄木の『一握の砂』にも「肺病みて／間もなく死にし男もありき」，「年ごとに肺病やみの殖えてゆく」（石川 1910: 114-122）と言及されている。一方でこのような感染症にまつわる負のイメージを逆

転して，病いに対する理解と情愛によって「生」の希望と勇気を生み出す作品
も登場する。同じく肺結核を患っていた堀辰雄は，排斥と差別の文脈から距離
を取り，『風立ちぬ』の中に結核の隔離について描いている。父親が婚約者で
ある節子を「Fのサナトリウム」に行かせる際，主人公は「なんでしたら僕も
一緒に行つてゐてもいいんです」と反応する。同じく感染者である二人の間に
は，温かい理解・同情と愛情があり，その言葉によって節子は活気と生きる願
望——「私，なんだか急に生きたくなつたのね……」。これから彼女は聞えるか
聞えないか位の小声で言ひ足した。「あなたのお蔭で……」(堀 1938: 28-40) ——
を示すのである。

　周囲からの眼差しや社会制度の冷酷さよりも，堀辰雄は感染者たちの「同情」
と「愛情」に焦点を絞る。これこそ，人間に生きる力を与えてくれる。よって，
「風立ちぬ，いざ生きめやも。／……人生に先立つた，人生そのものよりかもつ
と生き生きと，もつと切ないまでに愉しい日々であつた」という一文にも，差
別と排除を逆転する生への温かな感情が内包され，生きることの切なさと愉し
さを鮮明に打ち出している。

(2) 他者の眼差しから解放する

　堀辰雄と同じく肺結核の罹患体験があり，感染症について正面から語ってい
る作家として，宮澤賢治があげられる。彼は 1928 年 8 月以降の肺疾患と 1930
年末に至るその療養中に執筆したとされる遺稿に，「あなたの方からみたらず
ゐぶんさんたんたるけしきでせうが／わたくしから見えるのは／やっぱりきれ
いな青ぞらと／すきとほった風ばかりです。」(宮澤 1946:77-78) と語る。辺見庸
は三・一一震災後に必要な言葉は「頑張れ・復興・団結・負けじ魂……」など
のスローガン的な鼓舞の言葉ではなく，もう一段深い言葉として，以上の「眼
にて云ふ」の内容を提起した (辺見庸 2012: 20-21)。「眼にて云ふ」という題名が
あったように，その言葉は病める身体が語ってくれた感染者の真実の気持ちで
もある。感染者であっても下位に置かれ，他者の目線に晒されることを抵抗し，
「あなたの方」からではなく，常に「わたくし」の見方を保ち，喀血しながら
も「青ぞら」や「風」ばかりが見える。公正・真実・平等を求めながらも，辺

見が提起したように災害を受けた人々はスローガンではない深い意味での「言葉」を渇望し続ける。

　集団によって作られたイデオロギーや既成の作家像に束縛されず，他者の過剰な目線から解き放たれる方法として，自我の内面や自然風景へと視線をずらすことの重要さを「眼にて云ふ」から読み取れよう。また，この「眼にて云ふ」に書かれた言葉の数々は，コロナ禍における同調圧力と自己抑圧の中に生きる人々に，他者（あなたの方）の存在を過剰に意識するより，さらなる深い自省（わたくしから）として，目に見えるもの，身体で感じること，この場のこの瞬間に生きること，生命体として自然と接して感受することの大切さを示唆しているのではないか。

5　おわりに

　文学作品は歴史の現場に接近する記録であり，感染症体験を持つ作家が書いた文学作品をある種の切実な生活者の声として社会的観点から読み解くことは重要と思われる。近代文学者は文学作品を通じて，個人の感染体験と生への欲求を語ったと同時に，「医学界」「家庭」「学校」「宗教」などの社会制度の機能とその無力さも記録した。近代における感染症の蔓延には，さまざまな要因が重層的に作用していたはずである。近代化に伴う工業化・都市化・人口の密集と移動，なかでもとくに戦争はその重要な原因として挙げられ，労働者の間や学校・軍隊の中に結核やインフルエンザなどの感染症が蔓延した記録が残されている。本論は日本近代文学作品における「患者」という個人の物語と，感染症で個人と他者・集団との関係性にも注目し，その上に感染症蔓延に関するさまざまな社会的対応についても整理を試みた。

　尾崎紅葉の『青葡萄』では，感染者が罪人と見なされ，その背後には感染者が病名と共に差別化されていく社会システムが機能していたことが衝撃的に描かれる。感染症は高い伝染力を持つため，感染症に対する予防も医療の範疇を超え，社会治安の問題や政治政策・国家間関係の問題にも連なって行く。近代日本における感染症予防の条例と法律からも分かるように，感染症罹患者に対

する排除の力学が政治権力まで広がる際に，患者の声が強い権力制度の抑圧下に置かれ，微々たるものになっていった。

　また田山花袋の『田舎教師』には，国家や軍隊によって感染者が排除される力学や，徳富蘆花の『不如帰』や樋口一葉の『たけくらべ』においても，家庭によっては女性感染者が排除される現象が描かれている。一方，啄木の『一握の砂』に語られる不治の病気・肺結核にまつわる死のイメージが，堀辰雄によって『風立ちぬ』に語られる同情や愛情を起点に生の意志へと逆転する作品の登場も見うけられた。他者の固定観念や差別的な眼差しに対し，宮澤賢治は「眼にて云ふ」の中で，目線をずらして自己の内面に注目することの重要さを示唆した。

　感染症はその伝染性という特性によって，社会や個人へもたらすものは身体的苦痛のみならず，周囲からの異様な眼差しや社交活動の切断であった。感染者の物理的な隔離は排除の力学へと展開してゆくことはよく見られる社会現象である。細菌という客観的な存在以上に，穢れ・罪悪・不潔などの文化的コードが細菌に附帯されるからである。細菌の宿主である人間の身体・思想に対する主観的な負の評価がそこから生じる。さらに，その評価システムの主体は，特定の血縁をも超えて地方・人種・国家にまで拡大されることは新型コロナウイルスによるパンデミック下にも起こっている。そこから感染症の影響は，身体的な苦痛に加え，差別や攻撃・暴力といった社会的制裁の様相に形を変容してゆくのである。だが，感染者を抑圧して排除するより，生の希望を与えるような集団の機能を発揮させることが必要と言えよう。

　文学作品を通じて感染症の歴史を紐解き，スローガン的な言葉ではなくて，その時代の対応と記録を掘り下げてみることは，弱者に目を向け，今を生きる人々の声を聴くことにも繋がる契機ともなろう。ひいてはアフターコロナ禍の公正社会のビジョン ―― 公正・真実・平等 ―― を実現するための一助として，生命そのものへの尊重を目指す社会の在り方を探り続けることにもなろうと考えている。[5]

5　本章は千葉大学リーディング研究育成プログラム「学際的社会科学による未来型公正社会研究」主催のオンラインシンポジウム「コロナ禍とグローバルな社会的公正の行方」（2021

参考文献

石井正己, 2021, 『感染症文学論序説——文豪たちはいかに書いたか』河出書房新社

石川啄木, 1910, 『一握の砂』東雲堂書店

井口乗海, 1929, 『痘瘡及種痘論』文光堂書店

池田功, 2002, 「日本近代文学と結核——負の青春文学の系譜」『明治大学人文科学研究所紀要』51, 明治大学人文科学研究所

氏原佐蔵, 1914, 『結核と社会問題』医海時報社

小川修司・鈴木瑞穂編, 2021, 『伝染病・感染症 医療史事典トピックス 1347-2020』日外アソシエーツ

尾崎紅葉, 1896, 『青葡萄』春陽堂

厚生労働統計協会編, 2009, 『感染症患者報告数の年次推移 2009』厚生労働統計協会

小森陽一, 2020, 『夏目漱石『心』を読み直す——病と人間, コロナウイルス禍のもとで』かもがわ出版

神戸裁判所編纂, 1880, 「虎列刺病予防仮規則」『諸規則罰例全書 第五巻』神戸裁判所

立川昭二, 1989, 『病いの人間史 明治・大正・昭和』新潮社

田山花袋, 1909, 『田舎教師』左久良書房

徳冨蘆花, 1900, 『不如帰』民友社

内閣作成, 1897, 「伝染病予防法制定伝染病予防規則廃止・御署名原本・明治三十年・法律第三十六号」

夏目漱石, 1906, 『吾輩ハ猫デアル 中編』大倉書店

夏目漱石, 1914, 『こゝろ』岩波書店

樋口一葉, 1896, 『たけくらべ』『文芸倶楽部』2 (5)（再録：2001, 『樋口一葉集』岩波書店, 127-181 頁）

福田真人, 1995, 『結核の文化史——近代日本における病のイメージ』名古屋大学出版会

辺見庸, 2012, 『瓦礫の中から言葉を わたしの〈死者〉へ』NHK 出版

細井和喜蔵, 1925, 『女工哀史』改造社

堀辰雄, 1938, 『風立ちぬ』野田書房（再録：1978, 『新選 名著複刻全集 近代文学館 風立ちぬ』日本近代文学館）

前田愛編, 1985, 『新潮日本文学アルバム 3 樋口一葉』新潮社

宮澤賢治, 1946, 「眼にて云ふ」『群像』1 (1)：76-79（再録：1995, 『【新】校本宮澤

年 9 月 28 日）での研究発表に基づく。ペーパーと報告に対し貴重なコメントを下さった水島治郎先生・大原祐治先生・見城悌治先生・身﨑とめこ先生・大会参加者諸氏に深く御礼申し上げます。

賢治全集 第五巻 詩Ⅳ 本文篇』筑摩書房，140-141 頁）

Senthilingam, Meera, 2020, *OUTBREAKS AND EPIDEMICS: Battling Infection from Measles to Coronavirus*, Icon Books（2021，石黒千秋訳『人類は感染症とともに生きていく──学校では教えてくれないパンデミックとワクチンの現代史』羊土社）

Sontag, Susan, 1978, *Illness as Metaphor*, Farrar, Straus and Giroux（1982, 富山太佳夫訳『隠喩としての病い』みすず書房）

＊テクストを引用するに際して傍点・ルビを簡略化し，仮名づかいは原則として原文のままとして漢字は新字体に改めた。

おわりに

　この小著はコロナ禍に直面した私たちが，より公正な未来社会を構築すべき
かについての手がかりを求めて，学問的に模索したものである。社会的なイベ
ントは学問分野に義理立てして起こってこないため，学際的にならざるをえな
い。またコロナ禍は本書執筆の時点でいまだ収束をみていないため，たとえば
ワクチンの公正な分配に関する国家間の取り決め（条約）など，大きな制度変革
が実際に構想されている矢先でもある。

　本書の各章から浮かび上がることとして，「公正」の概念は，主権国家や市民
それぞれにとっての「正義」（主体によって変わりうる）の概念を超えた普遍的なも
のであることが理想で，その実現には，一定の「自己犠牲」が伴うべき，とい
う点である。「公正」概念として，ともすれば権利主張ばかりがその内実とされ
かねない社会状況を（少なくとも日本において）目にするが，「宇宙船地球号」の乗
組員として，義務も果たしていくべきなのであろう。具体的には，感染拡大と
いう緊急事態への自発的な対応，ワクチンの分配，国家間対立の解消に向けた
市民レベルの活動，一般市民と社会的弱者の抱える幸福度（ウェルビーイング）の
改善に向けた取り組みなど，研究と同時に具体的な行動が必要な分野は数多い。
起きてしまったこと（新型コロナウイルスの世界的な蔓延）を建設的に振り返りつつ，
これからの社会を理念面・活動面でリードするための視座がこの小著から少し
でも得られるとすれば，執筆者一同にとって大きな励ましである。

　本研究の実施にあたっては，千葉大学グローバルプロミネント研究基幹より
ご支援をいただき，水島治郎教授のリーダーシップの下，研究者諸氏，特任研
究員の張暁芳氏，事務局の西野真紀氏をはじめ多くの方々に支えていただいた。
また明石書店の上田哲平氏は，期日内の出版に間に合わせようと，内容面と校
正面の双方で尽力してくださった。厚く御礼を申し上げたい。

　2022 年 1 月

編者を代表して　　石　戸　　光

執筆者紹介

＊石戸　光　▶はじめに，第4章，第6章 [監訳]，第7章 [共著]，第8章 [監訳]，おわりに

_{いしど　ひかり}

千葉大学大学院国際学術研究院教授

ロンドン大学東洋アフリカ学院経済学研究科博士課程修了　Ph.D.（Economics）

〔主要業績〕

「地域統合と社会的公正の新時代 —— 主権国家の特質と APEC の可能性」（『公正社
　会のビジョン —— 学際的アプローチによる理論・思想・現状分析』明石書店，2021 年）

『グローバル関係学 3 多元化する地域統合』（共編，岩波書店，2021 年）

『ASEAN の統合と開発 —— インクルーシヴな東南アジアを目指して』（共編著，作
　品社，2017 年）

川瀬　貴之　▶第1章

_{かわせ　たかゆき}

千葉大学大学院社会科学研究院准教授

京都大学大学院法学研究科博士後期課程修了　博士（法学）

〔主要業績〕

『リベラル・ナショナリズムの理論』（法律文化社，2021 年）

「公正にできることはまだあるか —— 絶望と分断に抵抗する」（『公正社会のビジョ
　ン —— 学際的アプローチによる理論・思想・現状分析』明石書店，2021 年）

藤澤　巌　▶第2章

_{ふじさわ　いわお}

千葉大学大学院社会科学研究院教授

東京大学大学院総合文化研究科博士課程単位取得退学　博士（学術）

〔主要業績〕

「不干渉原則と情報の自由」（『論究ジュリスト』37: 9-15, 2021 年）

「条約の近似的適用論の再検討 —— 条約体制における趣旨目的の作用の一側面」

（『国際法外交雑誌』119（2）：273-299，2020 年）

「世界保健機関（WHO）の国際保健規則と入港拒否」（『論究ジュリスト』35: 30-36，
2020 年）

＊水 島 治 郎　▶第 3 章

みずしま　じろう

千葉大学大学院社会科学研究院教授（千葉大学災害治療学研究所兼務）

東京大学大学院法学政治学研究科博士課程修了　博士（法学）

〔主要業績〕

『公正社会のビジョン —— 学際的アプローチによる理論・思想・現状分析』（共編，
明石書店，2021 年）

『反転する福祉国家』（岩波書店，2019 年）

『ポピュリズムとは何か』（中央公論新社，2016 年）

小 林 正 弥　▶第 5 章，第 6 章［監訳］

こばやし　まさや

千葉大学大学院社会科学研究院教授

東京大学法学部卒業

〔主要業績〕

『ポジティブ心理学 —— 科学的メンタル・ウェルネス入門』（講談社，2021 年）

『コミュニタリアニズムの世界』（共編著，勁草書房，2013 年）

『サンデルの政治哲学 ——〈正義〉とは何か』（平凡社，2010 年）

リンジー・オーズ　▶第 6 章

Lindsay　　　　Oades

メルボルン大学大学院教育研究科教授

University of Wollongong　Ph.D.

〔主要業績〕

"Wellbeing literacy as an emancipatory and transformative capability"（Co-authored,
Wellbeing and Resilience Education: COVID-19 and Its Impact on Education, Routledge, 2021,
209-231）

"Personalised wellbeing planning"（Co-authored, *Building Better Schools with Evidence-based*

Policy: Adaptable Policy for Teachers and School Leaders, Routledge, 2021, 33-38）

"Flow Support at Work: Examining the Relationship Between Strengths Use and Flow at Work Among School Staff over a Three-Year Period"（Co-authored, *JOURNAL OF HAPPINESS STUDIES*, 21, 2021, doi:10.1007/s10902-021-00409-x）

＊張　暁芳　▶第 6 章［訳］，第 8 章［訳］，第 10 章

千葉大学特任研究員

千葉大学大学院人文公共学府博士後期課程修了　博士（公共学）

〔主要業績〕

「中国における排出権取引制度の進展と展望」（『公共研究』17（1）：371-394, 2021 年）

「東京都排出量取引制度に関する意識調査 —— 対象事業所のアンケート調査を中心に」（『公共研究』16（1）：338-368, 2020 年）

"Emissions Trading Scheme in Japan: Based on Tokyo and Saitama Cases"（『千葉大学人文公共学研究論集』41: 143-145, 2020 年）

ジェラルド・モシャマー　▶第 7 章［共著］

マヒドン大学インターナショナルカレッジ助教授

ウィーン大学大学院（哲学専攻）　Ph.D.

〔主要業績〕

"Moving People and Shifting Technologies: A Socioethical Heuristic Approach"（*Journal of Population and Social Studies（JPSS）*, 28（Special）：27-48, 2020）

ナタナリー・ポスリトン　▶第 7 章［共著］

マヒドン大学インターナショナルカレッジシニアレクチャラー

オーストラリア国立大学大学院（哲学・歴史および言語専攻）　Ph.D.

〔主要業績〕

"The Siamese 'Modern Girl' and women's Consumer Culture, 1925-35"（*Journal of Social Issues in Southeast Asia*, 34（1）, 2019）

^{Afsana} ^{Begum}
アフサナ・ベゴム　▶第 8 章

千葉大学大学院人文公共学府博士後期課程在籍中

〔主要業績〕

Brave Girl Diary（Co-authored, UNDP and National Human Rights Commission, 2014）

Empowerment of women and the scope of triple burden（Lambert Publishing Academy, 2014）

^{かん}　^{き か}
韓　　葵花　▶第 9 章

千葉大学大学院社会科学研究院特別研究員

千葉大学大学院社会文化科学研究科博士課程修了　博士（経済学）

〔主要業績〕

「日中韓経済連携の可能性」（共著，『グローバル関係学 3 多元化する地域統合』岩波書
　店，2021 年）

「日中韓三カ国間の経済連携の可能性」（『グローバル関係学ブックレット 政治経済的
　地域統合 —— アジア太平洋地域の関係性を巡って』三恵社，2017 年）

「東アジアにおける産業政策の国際比較 —— 日中韓 3 カ国の自動車部門を中心に」
　（『千葉大学大学院人文社会科学研究科研究プロジェクト報告書』，2009 年）

^{ちょう}　^{えい きょう}
張　　永嬌　▶第 11 章

上海大学外国語学院専任講師

千葉大学大学院人文公共学府博士後期課程修了　博士（文学）

〔主要業績〕

「宮澤賢治の感染症文学を読み直す —— 疫病・戦争・医療の表象を中心に」（『昭和
　文学研究』84: 51-65, 2022 年）

「上海女性月刊雑誌『女声』における「注文の多い料理店」の受容 —— 編者・訳者・
　テクスト・挿絵に焦点を当てる」（『千葉大学人文公共学研究論集』41: 75-93，2020
　年）

「雑誌『新建設者 報徳青年』における「雨ニモマケズ」の受容 —— 草場弘の思想
　との関わりをめぐって」（『世界史研究論叢』9: 59-79, 2019 年）

【編者紹介】

石戸　光（いしど　ひかり）　千葉大学大学院国際学術研究院教授

水島　治郎（みずしま　じろう）　千葉大学大学院社会科学研究院教授（千葉大学災害治療学研究所兼務）

張　暁芳（ちょう　ぎょうほう）　千葉大学特任研究員

アフターコロナの公正社会
── 学際的探究の最前線

2022 年 3 月 31 日　初版第 1 刷発行

編　　者 ── 石戸 光・水島 治郎・張 暁芳
発行者 ── 大江 道雅
発行所 ── 株式会社 明石書店
　　　　　〒 101-0021　東京都千代田区外神田 6-9-5
　　　　　電話 03（5818）1171　FAX 03（5818）1174
　　　　　https://www.akashi.co.jp/
装　　幀　　清水肇（prigraphics）
印刷・製本　日経印刷 株式会社
ISBN 978-4-7503-5389-0
© H. Ishido, J. Mizushima, X. Zhang 2022, Printed in Japan
（定価はカバーに表示してあります）

公正社会のビジョン

学際的アプローチによる理論・思想・現状分析

水島治郎、米村千代、小林正弥 編

■A5判／上製／312頁 ◎3800円

広がる格差、政治への不満、ジェンダー間の不平等、雇用不安、絶望感と諦めが充満するなか、それでも「公正な社会」を実現することは可能か。政治・経済・社会・法の諸側面を融合し討議を重ねてきたプロジェクトチームが、不公正な社会状況を打ち破る新たな秩序を提言。

● 内容構成 ●

序　文　「公正な社会」に向けて　[水島治郎・米村千代・小林正弥]

第1部　公正をめぐる理論と思想
第1章　公正にできることはまだあるか　[川瀬貴之]
第2章　公正社会論の思想的展開　[小林正弥]
第3章　多次元的な統合的公正社会理論　[金澤悠介]
第4章　「社会的公正」をめぐる意識の変容　[水島治郎]

第2部　「不公正社会」の現状分析
第5章　「不公正社会」への逆襲なのか　[濱田江里子]
第6章　社会的包摂の現在　[米村千代]
第7章　家族における平等と包摂　[五十嵐誠一]
第8章　深刻化する環境問題と食料安全保障　[日野原由未]

第3部　グローバル公正社会の構想
第9章　メコン川流域の開発と市民社会　[李想・小林正弥]
第10章　グローバルな社会サービス供給の模索　[石戸光]
第11章　地域統合と社会的公正の新時代　[藤澤巖]
第12章　条約の脱退条項の機能

女性の世界地図

女たちの経験・現在地・これから

ジョニー・シーガー 著
中澤高志、大城直樹、荒又美陽、中川秀一、三浦尚子 訳

■B5判変型／並製／216頁 ◎3200円

世界の女性はどこでどのように活躍し、抑圧され、差別され、生活しているのか。グローバル化、インターネットの発達等の現代的テーマも盛り込み、ますます洗練されたカラフルな地図とインフォグラフィックによって視覚的にあぶり出す。オールカラー。

● 内容構成 ●

世界の女性たち　差別の終結（CEDAW）／差別を測る／ジェンダーギャップ／平均寿命／レズビアンの権利／二分論を超えて／結婚と離婚 ほか

女は女の場所に置いておく　殺人／DV／レイプ／レイプ犯と結婚させる法律／殺害される女性ほか／さまざまな箱の王国／合法的な束縛／「名誉」

出産にまつわる権利　出産／避妊／妊娠／妊産婦死亡率／中絶／男児選好

身体のポリティクス　スポーツ／美／美容整形／女性器切除／セックス・ツーリズム／賃売春／人身売買／ポルノグラフィー

健康・衛生　乳がん／HIV／マラリア／飲料水／トイレに関する活動ほか

仕事　有償・無償の仕事／児童労働／水のために歩く／農業と漁業／仕事の組立工場／収入の格差／失業／児童労働／分断される労働力／世界の組立工場／仕事のための移民ほか

教育とつながり　就学年数／学歴が積める／学位への前進／識字率／コンピューター／インターネットとソーシャルメディア／オンラインハラスメントほか

財産と貧困　土地の所有／住宅の所有／毎日の貧困／極限の貧困ほか

権力　女性の選挙権／政治における女性／軍隊／国連／いろんなフェミニズム

〈価格は本体価格です〉